기생충과 가족, 핵가족의 붕괴에 대한 유쾌한 묵시록

북튜브 가족특강 01

기생충과 가족, 핵가족의 붕괴에 대한 유쾌한 묵시록

발행일 초판1쇄 2020년 9월 1일 | **지은이** 고미숙
펴낸곳 북튜브 | **펴낸이** 김현경 | **편집인** 박순기 | **주소** 서울시 종로구 사직로8길 24 1221호(내수동, 경희궁의아침 2단지) | **전화** 02-739-9918 | **팩스** 070-4850-8883 | **이메일** booktube0901@gmail.com

ISBN 979-11-90351-24-9 04100   979-11-90351-23-2(세트)
이 도서의 국립중앙도서관 출판예정도서목록(CIP)은 서지정보유통지원시스템 홈페이지(http://seoji.nl.go.kr)와 국가자료종합목록 구축시스템(http://kolis-net.nl.go.kr)에서 이용하실 수 있습니다.(CIP제어번호: CIP2020035362)

북튜브 책으로 만나는 인문학강의 세상
북튜브는 북드라망의 강의-책 브랜드입니다.

기생충과 가족,

고미숙 지음

핵가족의 붕괴에 대한 유쾌한 묵시록

Booktube
북튜브

2020년 새해 벽두 '우한발 바이러스'가 처음 뉴스를 장식할 때만 해도 우리의 시선은 온통 다른 곳에 쏠려 있었다. 바로 영화 「기생충」이었다. 지난해 하반기부터 거의 모든 영화제들을 휩쓸면서 북미를 이동중이었고, 바야흐로 그 대미를 장식할 오스카상 시상식이 임박했기 때문이다. 유튜브에선 봉준호 감독의 수상소감과 디테일을 깨알같이 살리는 매직 통역 등이 연일 화제를 쏟아내고 있었다. 그리고 마침내 2월 10일 오스카상의 그랑프리를 차지하는 바로 그날 '강감찬tv'(남산강학원+감이당의 유튜브 인문지성채널)에 이 책의 원본에 해당하는 「기생충」에 대한 강의가 업로드되었다. 오, 이런 기막힌 타이밍이라니! 어떻게 그런 우연의 일치가?

　사건의 내막인즉 이러했다. 이 강의 영상은 지난해 여름에 찍어 둔 것인데, 바로 편집에 들어간 게 아니고 대충 방치되어 있었다. 그런데 하필 1월에 일감을 찾아 헤매던 한 청년백수가 편집을 마친 뒤 업로드를 기다리는 중이었다. 여기까지는 우연이다. 그런데, 「기생충」이 오스카상을 탔다는 소식이 들려오자마자 '강감찬tv 국장'이 순서를 무시하고 그 영상을 즉각 올리기로 한 것. 구독자들은 깜짝 놀랐으리라. 「기생충」이 세계를 놀라게 하던 그날 「기생충」에 대한 강의가 올라오다니, 하면서 말이다. 우리가 백수공동체, 다시 말해 정해진 룰이나 척도를 언제든 바꿀 수 있는 네트워크가 아니라면 절대 불가능한 일이었다. 결국 우연과 필연의 콜라보였던 셈.

　이후 일주일 이상은 「기생충」의 시간이었다. 매일 온갖 뉴스들이 쏟아졌고, 대중들의 찬사와 환영이 이어졌고, 청와대에서의 짜파구리 파티까지. 그런데, 바로 그 직후 뉴스에서 완전 사라져 버렸다! 2월 18일, 코로나가 대구시를 휩쓸면서 코로나의 '질풍노도'가 대한민국을 완전히 삼켜 버렸기 때문이다. 패러사이트(기생충)에서 바이러스로! 아, 이 기묘한 대칭성은 또 뭐란 말인가? 둘은 참 '머나먼 거리'에 있는 단어들이지만, 우리의 감각으론 왠지 인접성이 느껴지는 건 또 어쩔 수 없다. 아마도 코로나가 아니었으면, 그리고 그게 우한에서 대구로, 다시 밀라노로 뉴욕으로 상파울루로 폭풍질주를 하지 않았다면 「기생충」은 올 한 해 내내 뉴스의 중심에 있었을 것이다. 그만큼 영화 「기생충」은 그 자체로 '기념비적' 사건이었다.

그런데 여기 또 하나의 역설이 탄생한다. 2월 말에서 3월로 가는 그 시간, 온 국민이 자가격리 상태였을 때 나 역시 이 낯선 시간대 앞에서 당황했다. 그토록 염원하던 긴 시간의 휴식이 주어졌건만 이 막막함은 대체 뭐란 말인가? 그 방황과 적막 속에서 문득 '북튜브'(유튜브 영상강의를 책으로 내는 새로운 출판브랜드)가 선물처럼 다가왔고, 「기생충」 강의가 첫번째 시리즈에 포함된 것이다. 이 또한 우연이면서 또 필연인 건가?

나는 영화를 즐겨 보지 않는다. 그런데 영화에 대한 책(『이 영화를 보라』)을 쓰기도 했고, 영화를 직접 만들기도 했다. 믿기 어렵겠지만, 사실이다.(^^) 허나, 앞으로도 영화를 즐길 생각은 없다. 그러니까 내가 영화를 대하는 태도는 전적으로 '비영화적'이라는 것. 나는 영상미나 미장센 따위에는 별 관심이 없다. 내가 주목하는 건 영화에 담긴 스토리, 대사, 인물들의 동선과 관계 등이다. 한마디로 '고루한' 인문학자의 시선이다. 영상미나 문법이 아무리 중요한들 '다 살자고 하는 짓'인데, 그것들이 삶 그 자체보다 더 중요할 순 없기 때문이다. 인문학자의 관점에서 보자면 영화가 세상을 바꾸고 감동을 주려면 그걸 만드는 사람들이 가장 먼저 행복해야 한다. 주연배우 송강호 씨가 그랬던가. 봉준호 감독이랑 영화를 하면 '밥때'를 놓치지 않아서 좋다고. 그 많은 인터뷰 중에서 가장 나의 '심금을 울린'(^^) 말이었다. 리스펙!

영화 「기생충」은 핵가족과 냄새와 폭력에 대한 이야기다. 이제 삶은 계급이나 학연, 지연 따위로 구별되지 않는다. 욕망도 외모도 능력도 '초균질화'되었다. 오직 냄새로만 구별된다. 코로나 역시 그렇다. 계급도 인종도 성별도 세대도 개의치 않는다. 오직 신체상태(혹은 면역력)만이 '최종심급'이다. 이 지점에서도 기생충과 코로나는 대칭적이다. 둘이 전하는 메시지도 서로 통한다.

사방 어디에도 출구가 없다. 그럼에도 삶은 계속되어야 한다는 것. 이 책이 이런 미증유의 시간대를 건너가는 '소박한 힌트'가 되기를 바란다.

2020(경자년) 6월 30일

깨봉빌딩 2층에서

고미숙

차례

책머리에 5

PARASITE 1부

「기생충」 이전

「괴물」의 '위생'과 「설국열차」의 '계급'

핵가족의 묵시록으로 본 「기생충」

이번 강의에서는 봉준호 감독의 영화 「기생충」을 통해 우리 시대의 가족 문제를 들여다보려고 합니다. 「기생충」은 2019년 최고의 화제작인데, 다들 보셨겠죠? 꼭 시대를 비껴가면서 굳이 안 보는 분들이 있죠. 하지만 일단 이 강의에서는 다 본 걸로 치고 이야기를 풀어 가려고 합니다(스포일러가 있습니다^^). 사실 영화를 보고 조금만 지나도 몇 개의 잔상과 스토리만 남잖아요. 저도 그랬는데, 이 강의 때문에 영화를 몇 번 다시 봤습니다. 강좌 매니저가 강의 제목을 정해 달라고 해서, 핵가족의 붕괴에 대한 묵시록인데, 좀 웃긴다, 그래서 '핵가족의 붕괴에 대한 유쾌한 묵시록', 이렇게 붙여 보았습니다. 제가 평소에도 핵가족은 늘 붕괴되고 있다고 얘기하고 있었는데, 이 영화가 아주 그 끝장을 보여 주는 영화였습니다.

이렇게 강의를 하거나 글을 쓰기 위해 영화를 보면, 그냥 볼 때와 달리 영화 보는 것 자체가 노동이 돼요. 적당히 즐기면서 위안을 받고, 이런 게 아니죠. 단순한 감상이 아니라, 영화에 숨겨져 있는 디테일 같은 걸 찾게 되고 그럽니다. 그래서 이번에 영화를 다시 보면서 알게 된 것 중 하나가 송강호가 연기한 김기사, 그 부인이 해 머던지기 선수였다는 거. 영화 앞에 바로 나오더라고요. 처음 볼 때는 안 보였는데, 메달이 장식되어 있는 걸 비 추잖아요. 그런 게 봉테일인가 봅니다. 그럼 왜 이 여자 를 운동 선수 출신으로 설정했을까?

첫 장면을 보면 그 김기사, 송강호가 자고 있으니 까 발로 막 차면서 뭐라 그랬더라? "아이 씨발 … 계획 이 뭐야?" 이런 비슷한 대사를 하죠. 그게 굉장히 충격 적이었어요. 아무리 반지하에 살아도 그렇지 남편을 저 렇게 막 대할 수가 있나 싶었는데, 그럴 수 있는 근거가 그 힘에 있었던 겁니다. 김기사가 힘에서 밀리는 거죠. 부인이 해머던지기 선수니까. 그리고 나중에 박사장(이 선균 분) 집이 다 캠핑을 가서 김기사 가족이 다 모여 노 는데, 그 정원에서 김기사 부인이 뭘 빙빙 돌리면서 던 져요. 왜 저러고 노는 거지? 처음 볼 때는 이렇게 생각 을 했어요. 그게 해머던지기 선수였던 거하고 연결이 되 었던 거죠. 또 하나가 마지막에 송강호가 지하실에 갇혀

1

해머를 던지는 엄마를 보며 즐거워하는 김기사 가족. 엄마가 해머던지기 선수라는 설정은 이후 광기 어린 칼날을 막아 낼 엄마의 역할을 위한 장치이다. 먹구름이 몰려오는 하늘은 앞으로 들이닥칠 파국을 예고하고 있는 듯하다.

서 모스부호로 편지를 쓰잖아요. 기억이 나실지 모르겠는데 그 편지에 "아들아 잘 있냐" 이러면서 "니 엄마야 워낙 심하게 건강할 테고". 이런 대사가 있어요. 이게 바로 그거예요. 워낙 건강한 엄마라는 거. 아, 이게 봉테일이구나. 단순하게는 그런 장면들을 포착할 수 있었죠. 나중에 더 이야기하겠지만, 마지막 장면에서 그 지하에서 올라온 사람을 이 엄마가 힘으로 제압하는 것도 이런 설정과 관련이 있겠죠.

이렇게 디테일들을 보는 재미가 있는 영화입니다. 하지만 오늘은 '핵가족의 붕괴'라는 다소 무거운 주제를 다루기로 했으니, 디테일과 함께 미장센이랑 여러 가지 의미를 생각하면서 봤고요. 오늘 그렇게 본 것을 가지고 제가 느낀 만큼의 이야기를 해볼까 합니다. 「기생충」에 대한 본격적인 이야기를 시작하기 전에 봉준호 감독의 이전 영화 「괴물」과 「설국열차」, 그리고 「옥자」에 대해서 좀 살펴보고 「마더」에 대해서는 중간중간 말씀을 드릴게요.

위생권력과 '비정상' 가족의 대결 — 「괴물」

제가 2008년에 『이 영화를 보라』라는 책을 썼는데, 그 책을 쓰게 된 이유가 봉준호 감독의 「괴물」 때문이었어요. 그때 「왕의 남자」가 천만관객을 찍고, 그 다음에 천만관객 영화가 쏟아졌는데, 그때 「괴물」이 나왔죠. 역시 천만 명이 넘는 사람들이 봤어요. 마침 그때 제가 '위생권력', '위생의 시대' 이런 거를 공부하고 있었습니다. 그런데 그 작품이 딱 위생권력에 대한 얘기잖아요. 그런데 이 영화도 하도 오래되어서 기억이 가물가물합니다. 그래서 이번에 다시 돌려봤어요. 봉준호 감독 영화 중에서도 굉장히 기념비적인 작품이고, 개인적으로는 제가 제일 좋아하는 영화예요. 이준익 감독 영화도 좋아하는데, 「괴물」은 철학적으로 인식론적으로 너무 압도적인 영화죠.

　「괴물」이 처음 나왔을 때 주로 반미영화, 뭐 이런 식으로 이야기가 되고, 위생권력에 대한 얘기는 별로 안 나왔어요. 하지만 저는 보자마자 봉준호 감독이 '위생'을 다루는 기막힌 솜씨가 있다는 걸 단번에 알아볼 수가 있었어요. 그러니까 괴물이 등장한 것이 미군이 버린 그 폐기물인지 독성물질인지 그게 한강으로 흘러간 때문이잖아요. 어마어마하게 몸집이 크고, 입도 너무너무 커요. 그래서 입안에 입이 또 있고 또 있고…. 무한한 탐욕. 그러니까 이게 그 시절의 괴물이에요. 지금은 이런 괴물이 아니고 뭐예요? 좀비죠. 그런데 좀비도 떼거리로 움직이면서 계속 정신없이 이동하고 뭘 물어뜯어요. 다 이 식욕의 변태적인 행로를 보여 주는 거죠. 무한히, 그리고 닥치는 대로 먹어치우는 존재.

이걸 해결한답시고 위생권력이 등장하는 건데, 이게 국가시스템으로 설정됩니다. 그런데 이게 너무 그로테스크하고 너무 부조리한 거죠. 국민들한테는 손을 씻으라고 생난리를 떨면서 정작 자기네는 씻지 않고. 마스크 쓰라고 또 귀가 따갑게 떠들어 대고는 정작 본인들은 전혀 개의치 않고. 아무런 효과도 없는 거를 군중에게 공포심을 주기 위해 계속 세뇌를 하는 거죠. 그러다 송강호를 잡아가는데, 그 이유가 괴물과 싸우다 피가 튀었다는 것 때문이죠. 그래서 바이러스 검사를 하려고 마취제 같은 걸 놓는데, 세상에나, 마취제가 안 통하는 신체

❝❞

'포름알데히드'를 먹고 자란 한강의 괴
물 또한 마찬가지다. 그것은 느닷없
이 나타나 다수의 사람을 덮친다는 점
에서 괴질을 닮았고, 엄청난 포식자라
는 점에선 암세포를 닮았다. … 결국
그것은 근대인들이 퇴치하고자 했던
여러 불치병들의 속성을 두루 갖추고
있는, 이를테면 위생권력의 적자인 셈
이다.

— 고미숙, 「괴물 — 위생권력과 스펙터클의 정치」,

『위생의 시대』, 196~197쪽.

가 있었던 거예요. 왜냐하면 이분이 좀 '모자란' 캐릭터인데, 동시에 엄청 야생적인 신체를 가진 분인 거죠.

이 인물을 중심으로 한 가족이 등장하는데, 이들이 영화 전체를 이끌어 갑니다. 한강 둔치에 사는 '쫌' 이상한 가족. 이게 영화의 기본 콘셉트입니다. 아버지는 좀 모자라요. 그런데 딸을 되게 좋아하죠. 딸이 중학생인데 맥주를 서로 같이 마시는 그런 아버지죠. 그리고 엄마는 없어요. 대신 할아버지가 있고. 또 고모와 삼촌이 있죠. 고모는 양궁선수, 삼촌은 운동권 잔당으로 나와요. 화염병 만들고 잠수탈 때 접선하는 방법, 이런 거 좀 아는…. 그런데 그 삼촌이 사는 건 아주 개차반이에요. 소위 '결손가정', 즉 비정상적 가족이죠. 특히 엄마가 없다는 건 지금의 핵가족 시스템에서는 치명적인 결함이죠. 핵가족 시스템, 이 안에서 기준으로 삼는 스위트 홈에는 반드시 엄마가 있어야 합니다. 다 필요 없어요. 할아버지, 고모, 삼촌 이런 거는. 이 '쫌' 이상한 가족이 괴물한테 잡혀간 여중생 딸을 구하려고 전력질주를 하는, 그런 내용이잖아요.

그런데 이렇게 가족이 움직일 때 엄청난 군중과 함

영화「괴물」중에서

2

여러 겹으로 중첩된 괴물의 입은 무한한 탐욕을 상징한다. 핵가족의 기준
으로 볼 때, '비정상적인' 가족이 이 괴물과 맞서 싸운다. 이 괴물이「기생
충」에서는 어느 저택의 지하로 들어왔고, 이제 고립되고 서로에 대한 집
착만을 키워 온 핵가족으로는 이 괴물에 맞서서 할 수 있는 일이 아무것도
없다.

께 이동을 한다는 것도 눈여겨볼 필요가 있습니다. 괴물이 처음 한강변에 등장했을 때를 한번 생각해 보세요. 엄청난 군중이 같이 이동하고 있죠. 마치 거대한 물결, 아니 파도가 치듯이. 그 군중들 속에서 계속 작전을 짜 나가면서 원효대로에 있는 괴물을 만나고 싸우는, 이런 과정으로 영화가 전개됩니다.

또 하나는 마지막에 딸인 현서는 죽고 현서가 괴물에게서 지켜 낸 떠돌이 꼬마, 어디서 왔는지도 모르는, 그야말로 근본이 없는 어떤 꼬마를 송강호가 데리고 살아요. 여전히 한강 둔치에 살면서. 언제든 괴물하고 맞짱을 뜰 것 같은 장면으로 영화가 끝나죠. 어둠이 내려앉은 한강을 주시하는 송강호의 눈빛이 압권입니다. 이런 장면들을 포함해서 정말 명장면이 수두룩하고 서사의 진행도 아주 흥미진진하고 대사도 기가 막혀요. 영화를 보자마자 「괴물」에 대한 글을 쓰고 싶어서 다른 영화도 막 봤던 기억이 납니다.

그런데 이 작품에서는 기본 설정이 핵가족이 아니라는 거죠. 그리고 공간도 오픈돼 있습니다. 한강이죠. 원효대교를 포함하여 온갖 한강대교가 다 나옵니다. 그

❝

이 가족은 아주 특이한 집합체다. 개
별적으로 보면 하나같이 결여투성이
다. 하지만 이들이 현서를 구해야 한
다는 원초적 욕망을 중심으로 결집하
는 순간, 아주 특이한 밴드로 재탄생
한다. … 가족에서 밴드로 변이하는
순간, 그들의 신체는 예기치 못한 저
력을 발휘하게 된다. '무리생명'의 저
력을.

— 고미숙,「괴물 — 위생권력과 스펙터클의 정치」,

『위생의 시대』, 211쪽.

리고 오픈된 공간에서 종횡무진 질주하면서, 한편으론 위생권력의 그물망을 요리조리 빠져나가고 한편으론 괴물하고 맞짱을 뜨는 거죠. 할아버지도 죽고 딸을 지키지도 못했지만 그래도 이긴 거고요.

그리고 사실 최고의 승리자는 중학생 딸 현서예요, 현서. 마지막에 목숨을 잃는 것으로 그려지고 있지만, 그 여중생이 무서운 괴물에게 잡혀가서도 너무 담대하게 잘 버티고 그다음에 같이 잡혀갔던 꼬마애랑 아주 새로운 관계를 만들어 가는 과정을 잘 보여 주죠. 그게 정말 핵가족, 스위트 홈의 보호를 받지 않는 십대가 갖는 야생성을 잘 그렸다고 생각합니다. 엄마가 없었기 때문에 애가 그렇게 똘똘할 수 있었을지도 몰라요. 우리 시대 엄마들 다 반성해야 합니다.(^^) 지나친 애착과 과보호로 아이들을 의존적으로 만든다는 점에서 말이죠. 엄마의 애착이 얼마나 자식을 망치고 삶을 일그러뜨릴 수 있는지를 보여 주는 영화가 바로 「마더」죠. 이 영화의 진짜 제목은 「마더 이즈 테러블」(Mother is terrible)이라고 해야 될 거 같아요. 이 영화를 보니까 봉준호 감독이 다른 영화에서 왜 엄마를 지워 버렸는지도 알게 되었어요.

「설국열차」와 「옥자」 – 「괴물」의 변주 혹은 변종?

「괴물」 이후에 봉준호 감독이 「설국열차」를 만들었는데, 할리우드와의 합작품인 데다가 소재도 독특해서 굉장히 스포트라이트를 받았고, 흥행도 800만 정도했나 그랬죠. 그런데 저는 영 재미가 없었어요. 우연히 부산에 갔다가 극장에서 본 거 같은데 좀 실망이었죠. 기차가 중심이다 보니 자연히 칸별로 계급이 나뉘어 있고, 그래서 꼬리칸에서 머리칸까지 계속 문을 열고 나가는 그 설정 자체가 좀 진부하게 느껴졌어요. 칸마다 펼쳐지는 세계도 너무 인공적이라 마치 플라스틱 껌을 씹는 것 같달까. 세상이 그렇게 명료하게 구획된 채로 돌아가는 건 아니니까요.

게다가 주인공이 죽어라고 혁명인지 반란을 일으켜 머리칸까지 갔더니 그 모든 상황이 기차의 엔진을 설계한 윌포드라는 지배자의 기획이었다는 거, 더 놀랍게도 주인공이 정신적 멘토라 여겼던 인물도 알고 봤더니 윌포드와 한통속이었다거나 하는 전개는 왠지 식상한 느낌이었어요. 20세기 냉전 시대에 횡행한 음모론이나 조지 오웰의『1984』에서처럼 빅 브라더 같은 지배자가 저 어디선가 다 조정한다는 식의 오래된 괴담의 또 다른 버전이랄까. 사실 그런 류의 괴담은 깨진 지 오래고, 조금만 따져 봐도 그런 음모가 통할 거 같으면 세상이 요 모양으로 갈팡질팡할까 싶어요. 그렇게 배후에서 오묘하게 조정할 능력이 있다면 세상의 어지러움을 잘 다스릴 능력도 발휘해야 하는 거 아닌가요? 그리고 특히 아쉬웠던 게 설정 자체가 너무 거창해서 그런가 봉테일의 진수가 잘 안 보이더라고요(있는데 못 봤나?^^).

　아무튼 그래서 처음엔 실망을 많이 했더랬죠. 한데, 이번 강의 때문에 다시 한 번 봤더니 좀 새로운 장면들이 보이더라고요. 일단 이 영화의 배경 자체가 지구온난화라는 거. 지구의 온도가 높아지니까 대기를 냉각시키기 위해 냉매를 무차별 살포했는데, 그 결과 지구가 온통 다 얼어붙었다는 거죠. 빙하기가 찾아온 거죠. 헐~ 암튼 인간은 중간이 없다는 거, 뭐든 지나치거나 모자라다는 거. 중심을 잡는 게 얼마나 어려운지 다시 한 번 실감했죠. 그런데, 윌포드라는 천재 사업가가 이런 세상을 예견하고 영원히 달릴 수 있는 엔진을 개발하고 인간

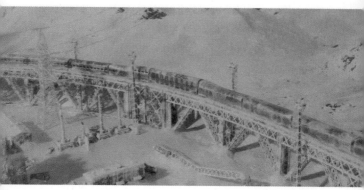

영화「설국열차」중에서

3

인간이 스스로 만든 신빙하기에서 살아남은 이들을 태우고 '영원히' 질주하는 '설국열차'. 열차 밖의 모든 인류가 멸종한 대재난을 겪었지만, 겨우살아남은 인간들은 이 꽉 찬 열차 안 계급사회에서 대재난 이전보다 더 경직되고 퇴행적인 삶을 살아간다.

의 다양한 삶이 다 가능한 기차, 크루즈 선박을 떠올리면 더 쉬울 거 같은데, 암튼 그런 기차를 만들어서 인류를 구원했다는 겁니다. 착상은 참 기발한 거 같아요. 지구온난화로 인한 빙하기, 이런 역설도 기가 막히고. 특히 코로나가 세계를 휩쓸고 있는 상황에서 보니 더더욱 예사롭지가 않더라고요. 코로나가 제기한 여러 과제 중에서 기후변화가 가장 많이 거론되고 있잖아요?

제가 주목하는 건 봉준호 감독의 문제의식이 늘 생태계를 향하고 있다는 거죠. 「괴물」에서는 한강에 흘러든 미군의 독극물이 괴물을 만들어 냈는데, 이것도 역시 문명 혹은 제국의 폭력성이 생태계를 오염시키고 그게 다시 거대한 재앙이 되어 삶을 송두리째 뒤흔드는 식으로 되돌아오는 거죠. 국가나 시스템은 그걸 감당하지 못해 허둥대고 온갖 부조리를 연출하고…. 「설국열차」에선 비슷하게 지구온난화에 대처한답시고 한 짓이 온 지구를 다 얼어붙게 만든다는 발상인데, 이거야말로 문명의 폭력성과 기술의 오만을 단적으로 보여 주는 설정입니다.

정말 그럴 수도 있을 거 같은 생각이 들어요. 지구의

온도가 오르게 된 건 기술문명을 과도하게, 오로지 욕망의 무한한 증식을 위해 탕진한 것과 무관하지 않죠. 아니, 거의 직접적인 원인이라고 봐야겠죠. 그런데 그걸 대하는 인간의 자세는 무조건 온도를 낮추는 식인 거죠. 그러니까 냉각제를 만들어서 과도하게 살포하고 그 결과 빙하기가 온다는 건데, 생태계의 균형이라든가 조절 따위는 아예 안중에도 없는 거예요. 사건이나 문제를 대하는 태도가 늘 이런 식인 거죠. 봉감독이 그걸 염두에 둔 건지는 모르겠지만 암튼 저는 이 설정을 보자마자 그런 생각이 떠올랐어요. '아, 인간들은 정말 못 말리는 종이구나', 하는!

그러고 나서 모든 게 얼어붙어서 지상에선 살 수가 없어서 기차에 올라탔는데, 거기서는 또 과도하게 균형을 강조합니다. 칸마다 저마다의 본분이 있고, 개체수가 있고, 먹는 것, 누리는 것 다 정확한 수치로 정해져 있다는 건데, 이것도 참 어이가 없는 일이죠. 전인류가 다 멸종하는 대사건을 겪은 이후, 간신히 살아남은 인간들끼리 고작 이렇게 생존을 영위하다니. 그렇게 대단한 사건을 겪고도 인간은 배운 것도 없고 깨달은 것도 없다는 건데…, 이게 더 참담하더라고요. 한번 생각해 보세요. 멸종에 가까운 비극을 겪었는데도 이전보다 더 경직된 방식으로 살아간다는 거.

하긴 뭐 개인들도 좀 그렇습니다. 고생을 많이 하고 상처를 많이 받았다고 저절로 성장하는 건 아니니까요. 오히려 더 퇴행하거나 엇나가기도 하죠. 참 씁쓸한 진실입니다. 이 영화 말고 다른 SF영화를 봐도 비슷한 거 같아요(문득 「바람계곡의 나우시카」가 떠오르는데, 거기서도 나우시카의 마을을 빼고는 다 아수라장이죠). 세상이 어떻게 바뀌든, 지구의 종말이 오든, 화성으로 대이주를 하든, 현재의 인류의 상태로는 그저 죽고 죽이고, 속고 속이고 하는 거 말고는 방법이 전혀 없다는 뜻이겠죠. 감독의 의중이 그렇든 아니든 깊이 생각해 볼 문제인 거 같아요.

그리고 당연히 열차니까 쉬지 않고 달린다는 거, 이건 자본주의의 광속질주를 연상케 하는 설정이죠. 멈추면 죽는다, 기차에서 뛰어내리면 바로 얼어붙는다, 기차가 아무리 참혹해도 기차 바깥보다는 낫다, 등등. 그래서 인간답게 살기 위해서는 기차의 앞문을 향해 달려갈

영화「설국열차」중에서

4

열차로 상징되는 계급구조를 벗어나기 위해서는 '앞'이 아니라 '옆'으로 탈
출해야 한다! 남궁민수의 딸 요나(고아성 분)가 탈출해서 처음 만나는 것은
생명을 상징하는 설원의 북극곰.「괴물」이 현서(고아성 분)의 희생으로 끝
났다면,「설국열차」의 요나는 자신이 구한 아이와 함께 살아남아서 새로운
세상으로 나아갈 수 있을까?

수밖에 없다는 건데, 이건 자본주의의 실상을 너무 적나라하게 보여 주는 콘셉트라 좀 식상한데, 후반부에 송강호가 주인공한테 이런 대사를 쳐요. "문 여는 데 환장했나? 왜 앞으로만 가려고 해? 옆으로 갈 생각을 해봐!" 그건 좀 신선했어요. 앞이 아니라 옆으로! 옆에도 문이 있다! 앞으로만 가는 건 기차 바깥의 세상을 일체 상상조차 하지 않을 때인데, 사실 그렇게 해서는 끝에 가봤자 뻔하죠. 이미 우리는 자본의 생태계를 훤히 알고 있어요. 자본의 정점에 오른들 사는 건 뻔하다는 거. 지상천국이랄지 유토피아 따위는 없다는 거. 단지 다른 사람들보다 앞에, 혹은 위에 있다는 우월감이 전부라는 거. 하지만 그것만이 내 세상이니까 그걸 향해서 간다, 뭐이런 식인데, 송강호의 대사는 그걸 시니컬하게 내뱉은 거죠.

「괴물」의 후속편이라 그런지 「괴물」의 두 부녀가 그대로 등장합니다. 송강호랑 고아성. 한강 둔치에 살던 부녀가 「설국열차」에선 감옥칸에서 등장하고 둘다 크로놀 중독잔데, 여기서도 '아싸'인 건 비슷합니다. 아, 역시 여기도 엄마는 없어요.(^^) '결손가정'인 거죠. 그래선지 둘은 친구거나 동료 같은 느낌이에요. 「괴물」에선 맥주를 같이 마시고, 여기선 마약을 같이 흡입하고. 기차의 세계 혹은 그 세계의 위계 따위는 안중에도 없는 마이너들인 거죠.

그래서 결국 열차를 폭파하고 옆칸으로 뛰쳐나가는데, 그때 윌포드의 엔진을 돌리기 위해 인질로 잡혀 있던 꼬마 소년을 구출합니다. 「괴물」에선 딸이 죽고 송강호가 딸이 구한 남자아이랑 가족을 이루면서 끝났는데, 「설국열차」에선 아버지 송강호는 죽고 대신 딸이 꼬마 소년을 구하는 거죠. 아주 흥미로운 대칭구조라 할 수 있습니다. 또 「괴물」에선 송강호가 여전히 한강 둔치에서 괴물을 응시하는 장면으로 끝나는데, 여기선 딸 고아성이 소년과 함께 난생 처음 설원의 대지에 발을 디뎠는데, 저 멀리서 북극곰이 등장하죠. 북극곰과의 마주침, 그것은 적대적인 관계는 아니고 뭔가 생명의 공존을 암시하는 엔딩이라 할 수 있죠. 처음 영화관에서 봤을 때는 뜬금없고 너무 인위적인 설정으로 여겨졌는데, 이번에 보니까 괜찮더라고요. 코로나가 던져 준 상상력의 전환 덕분인가?(ᄉᄉ) 그런 점에서 영화도 언제 어떻게 보느

냐에 따라 참 무상하게 변주되는 거 같아요. 마치 살아 있는 생물 같다고나 할까.

「기생충」과 관련해서 말해 보자면,「괴물」의 군중이 「설국열차」의 계급으로 변주됩니다. 하지만 그 내부를 구성하는 가족은 엄마의 부재, 친구 같은 부녀, 그리고 길 위에서 만난 소년, 이렇게 이루어져 있죠. 그 반대편 에는 위생권력 혹은 그로테스크한 국가시스템, 그리고 괴물 혹은 열차(엔진). 괴물이 미친 듯이 먹어치우는 존 재라면, 열차는 미친 듯이 달리는 존재죠. 둘다 미쳤다, 멈출 줄을 모른다는 공통점이 있네요.

「설국열차」에 비하면「옥자」는 완전 제 스타일이었 어요. 이 작품도「괴물」의 변종 혹은 변이형이라 할 수 있는 게, 한강 둔치의 괴물이 슈퍼돼지 옥자로 바뀌었 죠. 괴물이 미국의 독극물이 낳은 돌연변이라면, 옥자는 미국의 거대기업 미란다에서 유전자 조작으로 만든 변 이형이죠. 괴물이 계속 먹어치우는 존재라면, 옥자는 사 람들의 무한한 탐욕을 위한 먹거리용 상품인 거죠. 어쨌 거나 핵심은 식욕, 식탐입니다. 그런데 이 옥자를 한국 의 산골마을의 소녀 미자가 키우면서 사건이 발생합니다. 미자한테 옥자는 먹거리가 아니에요. 자매이자 친구, 그리고 엄마, 아니 그 이상이죠. 둘 사이는 종의 차이를 넘어 깊은 교감을 이룹니다. 미자가 벼랑에 매달리는 위험에 빠지자 옥자가 자신의 그 뚱뚱한 몸을 이용해서 미자를 구하는 장면이 그걸 아주 잘 보여 주는데, 이제 대강 무슨 일이 벌어질지 예상이 되죠? 미국기업 미란다에선 슈퍼돼지 페스티벌을 기획하고 그걸 위해 옥자가 필요합니다. 황금돼지를 주고 옥자를 데려가는데, 미자는 절대 이런 거래를 받아들일 수가 없죠.

흥미로운 건 미자는 엄마 아빠가 다 돌아가시고 어릴 때부터 할아버지랑 살았는데, 이 할아버지가 미자를 설득하기 위해 부모의 산소로 데려갑니다. 그리고 하는 말. "넌 엄마가 보고잡냐? 아빠가 보고잡냐?" 완전 뜬금없죠? 이런 질문은 미자를 옥자한테서 떼어 내 가족으로 회귀하게 하려는 욕망의 표현인 거죠. '넌 사람이야, 사람은 모름지기 가족을 이루어야 해. 그것도 핵가족. 그러려면 돼지하곤 더 이상 놀면 안 돼. 학교 가서 남자친구도 사귀고…' 등등. 미자의 대답이 뭘까요? "생각이 안 나. 얼굴이…." 참 멋진 대사예요. 삶의 실상을 보여 준다는 점에서. 부모는 오래전에 떠났고 지금 옥자랑 너무 잘 살고 있는데, 갑자기 엄마, 아빠가 그립지? 누가 더 그립니? 이런 식의 질문을 던지는 게 얼마나 어이없는 건지 한 방에 보여 주죠.

아무튼 여기서도 가족은 '비정상'입니다. 할아버지랑 손녀. 할아버지 역으로 나온 분이 「괴물」의 할아버지인 변희봉 씨더라고요. 그래서 더 오버랩되는 점이 있고요. 이런 식의 신파로 미자를 옥자한테서 떼어 놓을 수는 없는 거고, 당연히 옥자가 끌려간 걸 안 미자는 바로 서울을 향해 달려갑니다. 한 치의 망설임이나 두려움 없이! 완전 멋지죠. 「괴물」의 송강호에 맞먹는 야생성이 폭발합니다. 미란다 서울 지점에 도착해서 옥자를 찾는 장면이 정말 재밌는데, 제일 멋진 신이 유리문을 부수는 거였어요. 유리문이 안 열리니까 전력질주로 온몸을 문에 부딪친 다음 쓰러졌는데, 잠시 후, 유리문이 와르르 무너지죠. 와우~ 완전 통쾌했어요. 이러니 미란다 기업의 계획대로 될 리가 없죠. 게다가 70년 전통을 자랑하는 동물보호단체가 결합하면서 상황은 걷잡을 수 없이 커지고 결국 옥자랑 미자는 뉴욕 한복판의 무대에서 재

영화「옥자」중에서

5

지옥과 같은 도살장에서 미자와 옥자는 새끼 돼지 한 마리를 구해서 집으로 돌아온다.「괴물」이나「설국열차」와 같이, 루쉰의 "아이를 구하라"라는 호소를 상기시키는 결말이다. 하지만 핵가족 질서로 꽉 짜인「기생충」에선 이 실낱같은 탈출로조차 사라져 버렸다.

회를 합니다. 하지만 옥자는 이미 너무 큰 상처를 입은 뒤였고, 곧 생산공장에서 소시지로 화할 운명에 처하죠.

「괴물」에서는 딸을 구하기 위해 송강호가 온몸을 던진다면, 여기서는 옥자를 구하기 위해 산골소녀 미자가 미란다 기업을 상대로 온몸을 던지죠. 그리고 마지막에 미자는 옥자를 구출하기 위해 상금으로 받은 황금돼지랑 옥자를 교환합니다. 황금돼지와 살아 있는 슈퍼돼지의 교환! 참 지독한 아이러니네요. 암튼 그렇게 해서 옥자를 구출해 나오는데, 그곳은 슈퍼돼지들의 도살장입니다. 그 지옥의 한복판에서 슈퍼돼지들이 철조망 너머로 새끼 돼지 한 마리를 탈출시킵니다. 옥자는 그 새끼를 입에 물고 무사히 지옥 같은 소시지 공장을 벗어나 다시 산골로 돌아옵니다.

이제 가족이 늘었죠. 할아버지와 미자와 옥자, 그리고 새끼 돼지. 「괴물」의 엔딩, 「설국열차」의 엔딩과 많이 닮았죠. 세 작품을 한꺼번에 음미하니까 알겠더라고요. 봉준호 감독의 문제의식 ──위생권력과 생태계, 계급적 불평등과 생명, 욕망과 생명 등──과 그 밑에 깔린 희망의 메시지가 느껴졌어요. 세 작품 모두에서 새로운 생명이 결합하는 건 루쉰의 소설 「광인일기」의 마지막 대사, "아이를 구하라!"를 연상하기 충분했어요. 워밍업은 이 정도면 됐고, 이제 본격적으로 「기생충」으로 들어가 볼까요?

반지하와 대저택이 데칼코마니

PARASITE 2부

핵가족의 섬뜩함

자 이제「기생충」이야기를 시작해 보겠습니다.「기생충」에 가면 어떻게 되죠? 짐작이 되겠지만「기생충」에는 오로지 핵가족만 남아요. 참 이게 섬뜩합니다. 한국 사회가 그 사이에 이렇게 바뀌었구나 싶어요. 이제 계급, 계층도 안중에 없죠. 같은 계급끼리 관계 맺는 거에 대한 관심도 없고…. 나와 같은 계층은 그저 내가 빨리 밟아야 하는 대상이지, 연대하고 소통하는 관계가 아닌 겁니다. 그래서 왜 그 영화에서 가정부, 문광 씨가 죽을 때 어떻게 죽는지 알죠? 김기사 부인이 발로 차죠. 지하실에서 올라오려고 할 때 탁 차요. 왜냐면 주인이 앞에 있으니까. 발에 차여서 데굴데굴 굴러서 뇌진탕으로 죽죠. 이렇게 비슷한 처지나 같은 계급, 이런 류의 공감대는 애시당초 불가능하고, 정말 딱 남은 건 핵가족밖에 없어요. 정말 이런 점에서 봉준호 감독의 사회분석에 '리스펙'!

잘 보세요. 송강호가 연기했던 김기사 가족. 엄마, 아빠, 딸, 아들. 딱 이 가족이 반지하에 살아요. 가족 구성으로 보면 완벽합니다. 「괴물」이나 「설국열차」에 비하면 완전 정상가족이에요. 당연히 월세겠죠. 창문으로 보이는 세상이 바깥 세상의 전부입니다. 전봇대에 오줌 싸는 술주정뱅이랑 소독차. 그러고 보니 '오줌'하고 '소독', 이것도 다 위생적 코드잖아요. 반지하는 더럽다, 다시 말해 가난을 '위생적으로 불결하다', 이렇게 설정하는 거죠. 그 불결의 상징적 코드가 바로 꼽등이와 바퀴벌레 같은 것들이고요.

그 다음 박사장네. 이선균이 연기했던 박사장 집에는 어마어마하게 큰 창문이 있죠. 대저택은 창문이 큰 걸로 구분이 되죠. 집을 지은 사람이 남궁현자 씨죠. 이름도 참 의미심장한 거 같은데. 어떤 '현자'가 만든 집입니다. 특징이 창문이 무지하게 넓은 거죠. 반지하와의 차이가 딱 느껴지죠? 햇볕이 쏟아집니다. 그래서 그 창 바깥에 뭐가 있어요? 정원에 나무와 잔디밭이 근사하게 조성돼 있습니다. 그러니깐 부자라는 건 뭐예요? 집안에 자연물을 들여놓을 수 있다는 거죠. '모던'과 '생태'의 조화를 꾀한다는 거죠. 이것도 사실 되게 어이가 없어요. 자연을 그렇게 무시하고 착취하면서, 부자는 집안에 숲이 있거나 정원이 있어야 하는 거죠. 또 그걸 봐야 되니까 창이 넓은 거고…. 그래서 대부호는 집안에 자연이 있고, 그냥 보통 부자는 아파트 평수가 넓어. 그게 다죠. 그 아파트에서 한강이나 인왕산 자락 그런 걸 볼 뿐이죠. 뷰가 좀 있어…, 이런 정도. 이게 진짜 부자와 그냥 부자의 현격한 차이라고 할 수 있죠. 안 그래요? 자연을 들여놓을 수가 없어서 기껏해야 어항?, 화분?, 이 정도인 거고. 그래서 뷰에 그렇게 집착을 하는 모양입니다.

그러니까 이게 되게 웃기잖아요. 그렇게 도시적이고 상품을 좋아하면서 풍경이나 뷰를 또 그렇게 탐합니다. 진짜 모순적이지 않아요? 그러면 우리 연구실(〈감이당&남산강학원〉)은 남산과 한옥마을을 가지고 있는데 우리는 어디에 속하는 걸까요? 슈퍼리치죠. 푸하하. 게다가 관리도 안 해도 돼요. 불편한 게 생기면 바로 시설에 연락하면 되고. 남들한테 막 선물할 수도 있어요. 맘껏 이용하시라고. 그리고 언제든지 갈 수 있고 이용 빈도도 높죠. 일년 내내 하루 두 번 이상. 박사장은 자기 정원에 하루에 몇 번 나가 있을까요? 하루는 고사하고 일년에 몇 번 안 될 거라고 생각해요. 애 생일파티 때 처음 밟아 봤을 수도 있어요. 이래서 누가 부자인지, 부의 가치척도가 뭔지, 이런 걸 진짜 질문할 때가 왔다고 생각해요. 진짜 부자는 아파트에 안 산다고 하잖아요. 숲과 나무가 있어야 된다는 거예요. 너무너무 단순해요. 자금성에 가면 황제의 침실도 아주, 뭐라고 해야 할까… 오두막 정도라고 해야 되나? 너무너무 작아요. 왜냐하면 침실은 너무 크면 잠이 안 오거든요. 그래서 침실의 크기가 절대로 부의 기준이 될 수 없어요.

　박사장 집에서 한 가지 더 주목해야 하는 것은 창밖에 사람이 없다는 겁니다. 단 한 명의 사람도 거기를 통과할 수도 없고 오지도 않아요. 세상에 나는 이런 '집구석'은 처음 봤어요. 그 정도로 살면 형제든 부모든 사돈의 팔촌이든 막 와 보려고 그러고, 파티든 모임이든 해야 하잖아요. 어떻게 그렇게 인적이 드물 수가 있죠? 그 넓은 집을 어떻게 네 명이 쓸 수가 있어요? 엄마, 아빠, 아들, 딸. 여기도 딱 일촌으로 이루어져 있죠. 가족 구조가 김기사네랑 똑같죠. 창문이 크고 창밖으로 자연이 우거졌지만 오줌 싸러 지나가는 사람도 소독차도 없는 것은 다르지만….

영화「기생충」중에서

6

저택의 정원에서 졸고 있는 박사장의 부인 연교. 큰 창문과 잘 가꾸어진 정원이 있지만, 외부인은 누구 하나 얼씬거리지 않는다. 생활을 돕기 위해 최소한으로 고용한 이들 외에는 어떤 관계도 맺지 않는 무료함 속에서 아이들의 사교육을 챙기는 것과 취한 듯이 조는 것 외에는 할 일이 없다.

그래서 그 집이 나오는 첫 장면에 박사장 부인이 거기서 졸고 있죠. 어떻게 졸면 그렇게 깨울까 싶어요. 귓전에다가 손뼉을 쳐서 깨우잖아요. 약간 약 먹고 혼절해 있을 때 그렇게 깨우는 거 아닌가요. 난 그 장면도 봉준호 감독이 뭔가 디테일을 심어 놓은 것 같아요. 그런데 우리가 그 세계를 모르죠. 반지하는 좀 익숙한데.(^^) 도대체 저런 저택에서 저렇게 존다는 것이 뭘 의미하는지 잘 모르죠. 진짜 부자들은 알겠죠. 저렇게 존다는 게 무슨 뜻인지….

이렇게 집의 외양으로 봐서는 계층이 거의 천지 차이지만, 관계의 구조로만 보면 이 집이나 저 집이나 가족 외엔 없죠. 박사장네는 가정부 한 명이 있는 게 다른가요. 사실 그 넓은 저택을 한 명한테 맡기는 것도 말이 안 되지 않나요? 돈이 없는 건 아닌데 왜 그럴까요? 외부자가 들어오는 게 싫은 겁니다. 못 믿는 거죠. 그래서 문광 씨가 이 집을 너무너무 잘 관리하는 그걸로 충분한 거죠. 딱 기사하고 가정부 한 명. 그런데 뭐 식구가 네 명이니깐 별로 살림을 크게 할 건 없고 청소만 좀 하면 될 거 같기도 하죠. 그런데 우리가 일반적으로 그렇게 큰 집에 살 때는 일단 사람으로 좀 채워져야 되는 거 아닌가요? 개는 세 마리가 있어요. 저렇게 큰 집에 개 세 마리랑 네 식구가 산다. 이것도 되게 섬뜩한 거예요. 이거야말로 너무 비정상적인 거예요. 반지하만큼이나 비인간적 공간이고…. 자기가 거의 쓰지도 못하는 공간을 다 그냥 점유만 하고 있는 거죠.

결론적으로 그래서 구조적으로는 차이가 없다는 겁니다. 창문 사이즈 차이, 그 다음에 지저분하냐 깔끔하냐의 차이는 있는데 외부자와 전혀 어떤 관계를 못 맺는 거는 비슷하다는 거죠. 이 영화의 원제목이 「데칼코마니」였다는 말을 들었을 때, 뭔가 딱 들어맞는 느낌이었어요. 정말 두 가족이 완전히 같은 세트인 거죠(제목을 바꾼 건 '신의 한수'였어요. 만약 '기생충'이 아니고 '데칼코마니'였다면, 흥행도 수상도 어려웠을 겁니다. 제목이 전부는 아니지만 때론 결정적 포인트가 되는 순간이 있어요. 이 영화가 거기에 해당한다고 생각합니다. 물론 이건 전적으로 저의 '감'입니다만^^).

계획의 시작

그럼 여기 박사장네는 문광 씨라는 가정부가 있고, 김기사 집에는 딱 한 명의 외부자가 찾아오죠. 앞부분에 등장하는 박서준이 연기한 친구. 친구 한 명이 등장을 해요. 자 이게 재밌는 건데, 친구가 등장하기는 하는데, 그런데 이걸 뭐 친구라고 할 수 있는지 잘 모르겠어요. 하여튼 이 김기사 아들하고 오랫동안 알고 지내던 사이인데, 이 친구가 등장을 하면서 이 반지하와 대저택이 공간적으로 겹치게 된 거죠.

그러면 이 친구는 어떤 인물일까? 이 친구는 대학생인데, 자기가 과외를 하고 있는 박사장 딸한테 눈독을 들이고 있죠. 그런데 자기가 교환학생을 가야 하는 거예요. 그러면 보통 자기 과 친구한테 소개를 해주는 게 도리일 텐데…. 그러니까 이런 게 안 되는 거예요, 지금 현대인은. 자기 옆에 있는 사람은 다 내가 밟아야 될 대상이야. 그러니까 과 친구도 지금 내 삶에서는 적이야. 그래서 과 친구에게 아르바이트를 넘기면, 돈도 아깝지만 이 여자애를 뺏길 수가 있어, 이렇게 생각을 하는 거죠.

그래서 안심이 되는 애한테 맡기려고 찾아온 거고. 그게 이제 5수째 하는 김기사 아들(기우)인 거죠. 5수면 재수가 아닌 만수생이라고 해야겠죠. 그런데 대학생이라고 속이고 과외를 하라는 겁니다. 그러니까 이미 시작부터 사기를 치자는 겁니다. 박사장 부인을 속일 수 있다는 거예요. 그녀는 어떤 캐릭터인가? "영 앤 심플" 그러잖아요. 이거를 우리가 흔히 쓰는 말로 하면 뭘까요. 아주 쉬운 말이 있죠. "맹하다"는 표현이 있잖아요. 박사장 부인은 맹한 거예요. 아주 영어를 잘하는 맹한 여자죠. 그런데 영어를 잘한다고 하기에는 그녀가 쓰는 영어가 내가 다 알아듣는 생기초 영어라 약간 당황스럽더라고요. 아니, 내 귀에 다 들리는 그런 영어를 굳이 한다는 건 그다지 지적이라고 하기는 어렵다는 거죠. 이럴 때 영어는 일종의 장식인 셈이죠.

그러니까 자 이 친구의 등장과 함께 이 집안에 뭐가 생겨요? 계획이 생기죠. 이 영화의 중요한 키워드 중 하나가 '계획'이에요. 아주 중요합니다. "너는 다 계획이 있구나." 송강호의 이 대사가 이 영화의 트레이드 마크가 되었죠. 전 국민의 아포리즘이 되었다고나 할까요.

아마 한국인의 상용어 사전에 포함되어야 할 것 같아요. 후반부에 가면, 아들이 "아버지 계획이 뭐예요?" 이렇게 묻죠. 마지막 부분에서도 "저에게 계획이 생겼어요", 이런 아들의 독백이 나오죠. 그럼 '계획'이라는 게 뭘까요? 이제는 '꿈'이라고는 하지 않는 거예요. "부자를 털어먹을 수 있는 계획이 생겼어요, 아버지", 이런 식이죠. 사기를 치는 일이 계획이에요. 이 가족한테. 그러니까 가족이 다 직업을 얻는 게 계획인데, '직업을 정직하게 해서는 못 얻는다', '남을 속이고 약탈을 해야만 얻는다'. 이게 아주 뼛속 깊이 이미 박혀 버린 거예요. 조금 과장하면, 이건 상당히 큰 변화의 징후라 할 수 있습니다. 드디어 지난 10년간 성행했던 '꿈' 담론이 와해된 셈이니까요. '꿈타령'은 이제 됐고, 지금 중요한 건 '계획'인 거죠.

첫 장면에 보면 아들딸은 반지하 방에서 와이파이 찾아서 막 헤매고, 아버지는 퍼자고, 엄마는 뜨개질하면서 막 남편을 발로 차고, 입만 열면 욕이 그냥 튀어나오고, 집에는 꼽등이라고 하는 벌레가 막 돌아다니죠. 그러니까 뭐냐. 계획이 없을 때는 완벽하게 무력한 사람

\# 7

기택은 위조 서류를 들고 집을 나서는 아들에게 감탄하며 말한다. "너는 다 계획이 있구나"라고. 먹고살기 위해서는, 남을 밀어내고 그 자리를 차지하기 위해서는 '윤리' 같은 건 사소한 것, 거추장스러운 것이 되고 만다. 그리고 이러한 '비윤리'에는 가난한 자와 부유한 자의 구분이 없다.

들이라는 거죠. 하지만 계획이 있으면 기민하게 움직여요. 계획이 뭐죠? 남에게 사기 치는 것, 누군가를 밀어내고 내 자리를 확보하는 것, 이게 계획입니다. 놀랍지 않나요? 자 지금 봐요. 박서준이 얘기를 하잖아요. "니가 군대 가기 전에 두 번, 군대 제대하고 두 번 도합 네 번의 수능을 봤잖아. 니가 열 배는 더 잘 가르칠 걸, 매일 술 마시는 대학생들보다…." 그러고 나서 그 연세대 재학 증명서를 여동생이 만들잖아요. 남을 속이기 위한 건데, 자기 스스로도 속이는 거죠, 그게. 내년에 그 대학엘 갈 거기 때문에 속이는 게 아니라고 하잖아요. 사실 이건 여러분도 너무 많이 쓰고 있는 삶의 방식이에요. 뭘까요? 대출 받아 써먹는 게 다 이거죠. 미리 당겨쓰는 거잖아요. 스펙을 미리 당겨쓰는 거죠. 많이들 하시죠? 그래서 영화 속의 인물 기우도 '나는 죄의식이나 미안함이 전혀 없어. 내년에 갈 건데 미리 땡겨 쓰면 뭐가 어때?', 이렇게 말하는 겁니다.

그리고 그 서류를 만드는 여동생. 얘도 미대를 계속 떨어진 앤데, 너무너무 문서위조를 잘해. 그래서 뭐 "서울대 문서위조학과 가면 수석이겠다", 송강호가 이

런 말도 하죠. 이 아버지가 하는 자식들에 대한 코멘트
는 아주 수준급이죠. 그러니까 이 동생도 뭐 진짜 별 볼
일 없이 지내는데 딱 무언가 계획이 생기면 기민하게 움
직이는 거예요. 자 그 다음에 이제 아버지. 기사로 취직
을 했죠. 그렇게 무능하고 쓸모없어 보이던 이 김기사가
벤츠를 몰면서 입만 열면 정말 그 박사장을 감동시키는
말이 막 쏟아지잖아요. '계획'이라는 것이 이런 겁니다.
사람들의 피를 돌게 해서 너무나 유능하게 만드는….

그리고 마지막으로 해머던지기 선수인 엄마. 나는
저 사람을 어떻게 취업을 시킬까? 그게 가능할까? 가서
그런 요리를 어떻게 할 수 있지? 그 대저택에서 필요로
하는 걸 할 수 있나? 막 그런 생각을 했는데, 웬걸 그냥
바로 원래 그 집에 있었던 사람 같잖아요. 감탄이 튀어
나올 정도죠. 자 그래서 이 네 명이 대저택에 다 자리를
얻게 됐어요. 같은 위치에 있었던 사람들을 차례차례 밟
아서 다 처리를 해버렸어요. 솜씨가 아주 기가 막히죠.
그러면 이게 대체 무슨 의미일까요?

디지털, 부자와 가난한 사람의 차이를 없애다

만약에 예전의 아날로그 시대였다면, 이러한 가족 사기
단은 하늘이 내린 천부적 재능이 있지 않고는 불가능해
요. 소매치기나 강도는 할 수 있어요. 가서 털 수는 있어
도 그 집에 들어가서 한 사람은 영어선생, 하나는 미술
치료, 한 사람은 기사로, 한 사람은 아주 유능한 가정부
로 자리잡고 거기서 일자리를 얻는다, 이건 불가능해요.
기회를 준다고 되겠어요? 절대 안 돼요. 지금은 이게 된
다는 거, 이게 놀랍죠. 어떻게 됐을까요? 이런 생각을 잘
안 해 보시죠. 저는 그게 너무너무 놀라웠어요. 5수생인
데, 가서 영어를 가르치면서 완전히 애를 휘어잡아. 그
동생은 미대를 못 간 고졸잔데, 가서 그냥 바로 애 엄마
랑 애를 단번에 후려쳐서 개구쟁이 꼬마가 갑자기 한없
이 공손해지죠. 인디언 놀이에 빠져서 집안 여기저기에
다 막 화살 쏘고 다니던 애가 갑자기 배꼽인사를 하죠.
그리고 꼽등이랑 신경전 벌이던 그 무기력한 백수 아빠
는 코너링을 기가 막히게 하는, 완전히 VIP 전문 기사가
돼 버렸죠. 레스토랑 셰프 같은 포스로 살림을 하는 엄

마. 이게 어떻게 가능할까요?

이게 바로 디지털입니다. 모든 정보는 다 디지털 안에 있어요. 그걸 잘 캐치만 하면, 부자와 가난한 사람의 차이가 사라져요. 어떤 것도 다 해낼 수 있어요. 다 정보로 하는 거죠, 정보로. 여동생 기정이가 하는 대사 중에 이런 게 있잖아요? "인터넷에서 미술치료 검색한 거 썰 좀 풀었더니 갑자기 막 울더라니까." 그러니까 모든 핵가족은 다 트라우마가 당연히 있어요. 가서 찌르면 다 나와요. 여러분도 다 이런 부분이 있으실 거예요. 스위트홈 자체가 상처니까, 그 부분만 딱 건드려 주면 바로 눈물을 글썽이면서 감동하고 난리가 나는 거지. 이런 걸 대학 안 가고 인터넷에서 다 배울 수 있다니까요. 이게 바로 디지털, 정보화 사회라는 겁니다. 김기사도 그래요. 벤츠에 대한 자세한 기계구조에서부터 그걸 세련되게 운전하는 방법까지 다 있을 거예요. 그것만 습득하면 누군들 속을 수밖에 없겠죠. 요리는 말할 것도 없고요. 레시피가 다 있습니다, 인터넷에. 그런데 정작 짜파구리는 몰라서 바로 검색하시더라고요. 하긴 그렇게 '고급진' 라면은 상상하기가 쉽지 않으니까요.

이렇게 부자와 가난한 사람의 차이가 사라졌구나, 그걸 느꼈습니다. 정보는 너무 공평하고, 욕망도 동일해요. 그래서 구별하기 힘들어요. 딸 기정이가 대저택 욕조에 몸을 담근 채 그 쾌적함을 즐기는 걸 보고 오빠 기우가 말하죠. "넌 정말 여기서 살았던 사람 같애." 너무 자연스럽다는 겁니다. 정말 조금의 어색함도 없는 거예요. 그러니까 그 모든 것을 이미 인스타그램 이런 데서 다 본 거예요. 어색할 수가 없지. 예전에는 가난한 사람이 부잣집에 가면 일단 눈이 돌아가서, 바로 촌티를 풀풀 날릴 수밖에 없어요. 음식까지 얻어먹으면 마치 천상의 맛을 보았다는 듯이 거의 황홀경에 빠질 지경이었죠.

하지만 디지털 문명의 도래와 함께 정보의 공평화와 감각의 균질화가 일어났어요. 그래서 옷만 딱 갈아입고 나면 전혀 구별이 안 돼. 이게 너무너무 놀라운 거예요. 반지하에 살던 네 사람이 그 대저택에 다 잠입을 해서, 다 일자리를 거뜬히 점거할 수 있었다는 겁니다. 기사를 쫓아낸다고 그 자리를 차지할 수가 있느냐가 관건인데, 그게 전혀 문제가 되지 않는 거예요. 그러니까 밀어내는 순간 바로 그걸 채울 수 있는 거죠. 그야말로 데

영화 「기생충」 중에서

8

기정은 인터넷에서 검색한 정보와 능수능란한 화법으로 박사장 부인을
단번에 사로잡아 감동과 자책의 눈물을 쏟게 한다. 이런 장면은 인터넷과
SNS를 통해 지식뿐만 아니라 태도와 경험까지도 배울 수 있다는 것을 잘
보여 준다.

칼코마니라 할 수 있죠. 그러니, 연대, 소통, 공감 따위는 존재할 수 없게 된 겁니다. 사실 이젠 외모로는 부자와 가난한 사람을 판단하기 어려워요. 누가 금수저인지 흙수저인지 구별이 되나요? 자세히 보면 되겠지만 그런 걸 자세히 봐야 한다면 이미 그건 표지로서의 의미가 없는 겁니다.

신흥 부자들의 등장

이렇게 해서 김기사네 가족이 계획을 착착 실행해 나가죠. 그 자리에 있는 사람을 쫓아내고 내가 거기에 들어간다, 이렇게 하는 겁니다. 이런 일을 할 때는 정말 완전히 생의 의지로 충만해서, 피가 막 돌고 살아 움직이는 역동적 신체가 됩니다. 그러면 다른 쪽, 이 부자는 어떻게 그렇게 잘 속죠? 이것도 참 미스터리입니다. 물론 박사장 부인이 주로 속는데, 참 일반적이고 전형적인 패턴입니다. 박사장 부인은 너무 구김살 없는 부자인 거예요. 기택네 가족이 '부자인데 참 착해'/'부자니까 착한 거야'. 이런 옥신각신을 하잖아요? 옛날 부자가 아니라서 그렇습니다. 옛날 부자는 일단 극성맞아야 되죠. 자수성가가 많고, 산업자본가로 공장 움직이는 시대라 막 억세게 일을 해야 부자가 되죠.

지금은 그런 부자가 아니에요. 박사장도 IT와 관련한 일을 하는 부자예요. 그러니까 막 극성맞게 공장 돌리고 현장 뛰어다니면서 고래고래 소리지르고 이러면서 부자가 된 게 아니고, 어떤 아이디어를 하나 냈어, 그런데 이게 대박을 친 거예요. 그럼 갑자기 부자가 되잖아요. 그러니까 구김살이 없죠. 뭐 인생역전 스토리도 별로 없는 거예요. 그런데 이런 사람과 결혼한 그 여인은 또 어떻겠어요. 부유한 집안에서 좋은 학교 마치고 구김살 없이 자랐겠죠? 얼굴이야 당연히 예쁠 테고. 그러니까 성품이 나빠질 이유가 없는 거예요. 그냥 해맑죠. 세상은 다 아름답게 보이고….

그래서 이런 경우에 어떻게 되냐면 타자를, 타자와의 접속을 가장 두려워하고 경계합니다. 그러니까 "이질적인 존재들을 안 만나기만 하면 돼. 그러면 아주 고상하게 살 수 있어", 이렇게 되는 거죠. 그런데 집에 사람이 필요하잖아요. 기사도 필요하고, 가정부도 있어야 해. 그런데 이 사람들이 믿을 만한지 내가 확인할 길이 없는 거죠. 그래서 그렇게 정보를 중시하고 스펙을 중시하면서도, 스펙이나 경력도 믿을 수가 없는 거예요. 이게 얼마든지 조작가능한 시대가 되었으니까. 아무리 서류를 체크해도 그게 얼마든지 조작가능하다는 의심이 들고 설령 서류에 나온 게 다 사실이라 해도 이 사람이 언제든 선을 넘어올 수가 있으니까요. 선은 넘으면 안 되는 거니까. 그래서 아는 사람의 추천을 받는 거죠. 이게 지금 부자들이 하는 방식이겠죠. '오랫동안 본 사람이 믿고 추천해 주는 게 최고야', 이렇게 생각하는 거죠. 그래서 '믿음의 벨트', 이런 대사가 나와요. "제시카 선생님이 어렸을 때부터 쭉 봐왔던 분이니까? 얼마나 마음이 놓이냐고~." 그래서 결국 완전히 다 가족사기단에 걸려들게 됩니다.

그리고 디지털 시대 이후 탄생한 신흥 부자들은 사람을 대놓고 차별하거나 착취하거나 무시하거나 이러지 않아요. 그래서 월급도 많이 주고, 해고할 때도 갑질 같은 건 절대 안 하죠. "내가 좋게 좋게 다른 얘기로 그렇게 해서 정리할게요." 이러죠. 만약 옛날이었으면 어떻겠어요? 자가용 기사 같은 경우, "어떻게 차 안에서 팬티가 나올 수가 있어? 니가 이러고도 사람이야?" 이러면서 막 난리를 치고 이러겠지만, 요즘 부자는 이게 아닌 겁니다. 전혀 다른 얘기로 조용히 정리를 하죠.

자 이게 참 세련된 거죠. 그러니까 절대 타자와 내가 직접적으로 섞이고 싶지 않다, 이런 사고방식인데, 이거야말로 '니들'과 '우리'는 급이 다른 부류야, 라고 선을 긋는 거죠. '절대 저들과 나는 섞일 수 없어. 그래서 싸우는 것조차 싫어. 싸우면 침 튀기고, 침 이쪽으로 올지도 모르고, 악수도 하기 싫어', 이런 사고방식인 거죠. 박사장 부인이 송강호랑 악수하는 장면이 나오는데, "손은 씻으셨죠?" 이런 대사가 나옵니다. 이게 디지털 시대의 부자겠죠. 말 그대로 신흥 부르주아들. 세련되고, 민주적이고, 경제적으로 후하기까지 하죠. 그리고 절대 상처 주는 말 같은 건 안 합니다. 왜? 신경쓰기 싫으니까. 신경쓸 가치도 없으니까. 아니, 이런 점도 작용한 거 같아요. 난 부자지만 괜찮은 사람이야, 휴머니즘도 있고 세련된 매너도 있다니까, 등등.

선을 넘는다는 것

당연히 위선이죠. 그게 어디서 드러나죠? '선을 넘어오면 안 됩니다', 여기서 드러나죠. 자 그럼 이 선을 넘어오는 게 뭘까요? 이 부분이 이 영화의 아주 독특한 지점입니다. 냄새와 팬티의 정액, 이런 게 봉준호의 위생을 다루는 방식이죠. 그리고 또 하나 김기사가 "그래도 사모님을 사랑하시죠?"라고 묻죠. 그러니까 박사장 표정이 갑자기 확 굳으면서 "사랑이라고 봐야지", 이렇게 대답하죠. 이런 게 선을 넘는 건데, 이제 이 선이 유일하게 부자와 가난한 사람을 가르는 장벽이 됐어요. 그러니까 어떤 점에서는 정말 인간 감각 중에 가장 원초적인, 밑바닥에 있는 것까지 간 겁니다. 후각은 감각 중에서도 가장 원초적인 거죠.

〈감이당〉의 멘토이신 정화스님이 자주 하시는 말씀인데, 남녀가 사랑에 빠질 때 후각이 작용한답니다. 그런데 우리가 냄새를 잘 못 맡으니까 그 후각을 움직이는 신경, 해마인지 편도체인지(이거를 정말 오만 번을 들었는데도 여전히 헷갈려요. 정말 미스터리!)에서 주관한다네요. 그러니까 무의식 차원에서 작동한다는 거예요. 동물들 보면 발정기 때 냄새를 맡잖아요. 「TV 동물농장」 같은 프로그램을 보면 발정기 때 아주 멀리 떨어진 건넛마을까지 암캐를 찾아가는 수캐가 있더라고요. 그 냄새에 미치는 거죠. 그런 감각으로 조난 때 사람도 구하고 그러는 거겠죠. 우리는 그 감각을 많이 잃어버렸는데도 무의식에 저장이 되었는지, 남녀간에 성적 페로몬 같은 게 나오면 후각이 작동하고, 선택은 그게 한다는 겁니다. 그러니까 무슨 이상형이니 스타일이니 뭐 이딴 게 다 소용이 없어요.

옛날에 맨날 이상형 타령을 하던 고등학교 선생님이 있었는데요. 총각 선생님인데 인기가 좀 있었거든요. 맨날 그 타령을 하면서 그런 애들만 막 쳐다보고 진짜 노골적으로 예뻐하고 그랬죠. 졸업을 했더니 어느 날 동창생들이 그 선생님이 결혼을 한다고 해서 모였는데, 세상에나 이상형과 딱 반대인 사람을 만난 거예요. 여자는 뭐 예쁘고 똑똑하고 키가 커야 한다나 그러면서 맨날 우리를 구박하더니만. 그래서 돈만 보고 갔다는 둥, 정략결혼을 했다는 둥 이런 뒷담화를 했던 기억이 나네요.

실제론 가장 끌렸는데 평소의 지론과 달랐을 뿐인 거죠.(^^) 그러니까 이상형 이런 거 다 소용없는 겁니다. 결국 원초적 감각에 의존하더라는 겁니다. 원초적 감각을 이야기하다가 옆으로 좀 샜네요.

그러니까 이 감각이 박사장한테는 선의 기준인 겁니다. 만약 이걸 넘는다, 그러면 못 참는 거죠. "선을 지켜야지." 운전하는 사람은 앞자리에 있고, 주인은 뒷자리에 타는 거잖아요. 이 선은 반드시 지켜야 해요. '여기를 넘어오면 안 돼. 뒤를 자꾸 봐도 안 돼', 이러고 있는데 냄새가 넘어온단 말이에요. 냄새. 그리고 뒷자석 의자 틈에서 여자 팬티를 발견했을 때도 더 흥분을 했던 게, "아니 굳이 할 거면 지 앞자리에서 하지 왜 선을 넘어오는 걸까?" 이겁니다. 이해되시죠?

사실 마지막에 벌어진 파국도 냄새 때문이잖아요. 김기사네 가족이 탁자 밑에 바퀴벌레처럼 숨어 있을 때 박사장 부부가 냄새 얘길 또 합니다. 그러면서 뭐 행주 삶는 냄새, 오래된 무말랭이 냄새 이야길 하죠(무말랭이를 그렇게 무시하는 건 나쁜 부자죠^^). 그리고 마지막에 '지하철 타면 나는 냄새' 이야기를 하잖아요. 아마 그

"

그러니까 하층민, 반지하에 사는 이 김 기사에게도 넘으면 안 되는 선이 있거 든요. 그 선을 정해 놓는 건 마찬가지 입니다.

장면에서 관객들이 욱했을 거예요. 그런데 그때 '영앤 심플'한 사모님이 뭐라고 하죠? "아이 몰라, 난 지하철 탄 지 너무 오래돼서." 이게 더 불쾌하죠. 그러니까 이 사람들이 얼마나 자기 세계 안에 있는지 알겠죠? 그리고 소파 위에서 하는 일은 뭐죠? 부부간에 섹스를 하는데, 그거야 자연스러운 거죠. 그런데 그때 자기들이 성적 흥분을 위해 주고받는 말이 뭐냐면 그 정액 묻은 팬티 가져오라고 그러죠. 그렇게 더럽다고 하고선 또 거기에 자극되는 거예요. 그리고 박사장 부인은 '마약 사줘, 마약 사줘' 막 이런 말을 합니다. 이쯤 되면 아주 바닥을 치죠?

그 모든 걸 탁자 아래서 듣고 있는 송강호, 김기사가 내 생각엔 그때부터 살인의지가 충만했다고 봅니다. 그러니까 하층민, 반지하에 사는 이 김기사에게도 넘으면 안 되는 선이 있거든요. 그 선을 정해 놓는 건 마찬가지입니다. 몸에서 냄새가 난다는 얘기는 해선 안 되는 거죠. 그때 송강호 표정이 클로즈업이 돼요. 마지막 파국의 현장에서도 어떻게 돼요? 그 문광 씨 남편이 와서 제시카를 찌르고, 그 다음에 김기사가 제시카 상처를 누르

9

칼부림이 나고, 아들이 졸도를 하는 와중에도 냄새에는 민감하게 반응하는 박사장. 박사장의 이 모습이 김기사에게는 마지막 선을 넘는 것이었고, 이 모습에 결국 김기사는 박사장을 찌르고 만다.

고 있는데 박사장이 차키를 던지라고 하죠. 던졌는데 하필이면 김기사 부인이 찔러서 쓰러지는 문광 씨 남편 아래로 떨어지잖아요. (여기서 이 엄마가 힘이 세고 건강하다는 디테일이 힘을 발휘하는 거죠. 그 와중에 힘이 얼마나 장산지 몰라요. 이런 장면이 나오려면 운동 선수였다는 설정이 있어야 되는 거겠죠. 보통 아줌마 힘으로는 그 광기 어린 사람의 칼을 피하기 어렵죠. 이렇게 다 디테일이 연결되어 있다는 걸 알 수 있습니다.) 그래서 이선균, 박사장이 와서 차키를 꺼낼 때 썩은 냄새가 난 거죠. 왜죠? 이 문광 씨 남편은 반지하도 아니거든요. 지하에서 4년 3개월 17일을 살았어요. 4년 3개월 17일, 이렇게 나와요. 완전히 지하실 냄새가 뼛속까지 스며든 거예요. 그러니까 자기 아들이 죽어가는 마당에도 그 냄새는 못 참는 거죠. 그러니까 이 정도면 이 인간은 냄새 면역력이 없다고 봐야 하는 겁니다. 얼마나 깔끔한 환경에서 살았는지를 알려주는 거예요. 얼마나 타자를 견디지 못하는가를 보여 줍니다. 그러니까 그 표정을 보고 김기사가 칼을 들고 가서 찌르거든요. 박사장도 넘어서는 안 되는 선을 넘은 거예요. 이게 양쪽 다 마찬가지예요.

이걸 알 수 있는 게, 김기사는 마누라가 뭐 온갖 욕을 하고 발로 밟고 무슨 짓을 해도 자존심을 내세우지 않아요. 정말 바퀴벌레처럼 그렇게 사는데, 딱 두 가지에 눈이 돌더라고요. 이 박사장이 말하는 냄새 문제하고, 그 다음에 박사장 가족이 다 캠핑 갔을 때 김기사네가 진탕망탕 먹는 장면 나오잖아요. 그때 한 번 부부 사이에 전운이 감도는 장면이 있어요. 그때 김기사 부인이 송강호한테 "바퀴벌레"라고 말하죠. 그 순간 송강호가 완전히 '빡쳐서' 상 위에 있는 걸 다 엎어 버려요. 그러면서 한바탕 붙으려고 했는데, 그 다음에 웃어넘기죠. 왜? 힘으로 밀리니까요. 붙으면 못 이기는 거죠. 뼈도 못 추리게 되니까 막 어색하게 웃고 넘어가는 장면이 있어요. 그러니까 송강호한테도 자기 자아의 마지막 보루가 뭐냐 하면 벌레 취급하는 거랑 냄새를 이야기하는 거죠. 이 두 가지를 건드린 거, 이 두 가지가 전체 스토리를 끌고 가는 중요한 포인트라고 할 수 있습니다.

핵가족, 음울한 묵시록

PARASITE 3부

핵가족에는 외부가 없다!

이제 본격적으로 핵가족 얘기를 해보면 정말 네 식구가 다 주인공처럼 등장을 하잖아요? 그런데 영화 속에서 핵가족 외부가 없어요. 딱 엄마, 아빠, 아들, 딸 이렇게 구성되죠. 지하에 문광 씨 부부는 아들, 딸도 없고, 완전히 외부로 혹은 변경으로 추방된 존재인 거죠. 비국민에 해당되죠. 그러니까 국민이라는 거는 최소한 핵가족 구성을 하고 있어야 된다는 전제가 있는 겁니다.

영화에서도 나오지만 실제 우리도 20세기 내내 그리고 지금까지도 가족에 얼마나 목숨을 걸고 있나요. 가족밖에 없는 삶을 살아요. 이게 너무너무 처절하게 느껴집니다. 엄마, 아빠, 딸, 아들. 이게 다예요. 친구는 뭐냐 하면 사기칠 때 서로 필요로 하는 존재밖에는 아닌 거죠. '사기의 벨트'인 겁니다, 믿음의 벨트가 아닌…. 이런 사기성 정보를 주고받는 존재 외에는 아무것도 없는 거예요. 그런데 그건 부자도 마찬가지입니다. 박사장 집도 똑같잖아요? 정말 단군 이래 이런 식으로 삶이 설정이 된 적이 있었나 싶어요, 세상에. 어떻게 인간이 엄마,

아빠, 아들, 딸로만 살 수가 있죠? 단 네 명이? 부자가 돼도 가난한 사람이 돼도 마찬가지인 거죠.

그리고 아들딸이 없는 이 지하에 사는 부부의 경우도 욕망의 구조는 동일합니다. 이 영화의 대반전이 일어나는 장면. 빗속을 뚫고 문광 씨가 와서 막 지하 3층까지 내려가잖아요. 제일 처음 한 게 뭔지 알아요? 지하에 있던 남편에게 젖병을 물립니다. 젖병을 물리고 바나나를 먹이죠. 그녀한테는 남편이 아기인 거죠. 내가 키우는 베이비. 그러니까 두 역할을 다 하는 겁니다. 남편이면서 내 새끼이기도 한. 그러니까 여기도 구성은 핵가족이 전부예요.

어쩌다가 이렇게 됐죠? 여기에는 출구가 없습니다. 이 가족이 하는 일은 뭐냐면, 직업이 없을 땐 무력하게, 엉망으로 살아요. 그러다가 누군가 돈을 벌어오면 뭘 하죠? 바로 술과 피자 이런 음식을 진탕으로 먹는 거죠. 나중엔 네 명이 다 취업을 했으니까, 이제 돈을 잘 모아서 빨리 반지하를 탈출하고 새출발하고 이런 계획을 세울 줄 알았는데, 그런 계획 같은 건 일체 없어요. 그냥 큰 집에 대한 욕망만 있는 거죠. 그래서 박사장네가 캠핑 가

영화 「기생충」 중에서

10

박사장네가 집을 비운 사이, 저택을 차지하고 술판을 벌이는 김기사 가족.
이들에게 계획은 차근차근 돈을 모아서 반지하를 탈출하는 것이 아니라,
일거에 큰 돈을 벌어 이런 대저택에서 살게 되는 것이다.

니까 졸지에 거기 다 모였는데 거기서 또 뭘 해요? 한바
탕 때려먹는 거죠.

그런데 생각해 보면, 우리나라에서 가족이 같이 하
는 일이 뭘까요? 외식이죠, 외식. 아니면 집에서 또 배
달시켜 먹어요. 서로 먹고 먹이고. 이거 말고 다른 게 있
나요? 예를 들면 인생에 대한 깊은 지혜를 주고받는다
든지, 세상 돌아가는 이야기를 한다든지, 아니면 고전을
낭송한다든지 이런 건 아예 상상조차 못해요. 주고받는
이야기의 대부분은 돈에 대한 거겠죠. '우리는 가족이
야'를 확인하는 게 오로지 돈 이야기 하면서, 같이 먹는
거예요. 그래서 영화에서도 박사장은 늘 뭘 잔뜩 사가지
고 오잖아요. 온갖 상품들이죠. 요게 핵가족입니다. 이
런 식의 가족은 정말 자본주의의 첨병입니다. 국가가 뭐
이래라 저래라 할 필요도 없어요. '가족밖에 난 몰라'
하는 순간, 오로지 소비하는 일에 총력을 기울이게 되어
있어요. 그걸로밖에는 서로의 사랑을 확인하거나 표현
할 방법이 없는 거죠.

억압과 소외의 온상, 핵가족

이 박사장 집안에서 총력을 기울여서 준비한 게 뭐죠? 다섯 살짜리 애의 생일 파티. 도대체 애 생일 때문에 캠핑도 가고 또 야외파티 해주고, 트라우마를 치유해 준다며 이러는데요. 이쯤 되면 그 '넘'의 트라우마는 일종의 훈장이라 봐야죠. 그래서 그날 박사장하고 김기사가 인디언 분장 하고 막 쇼를 하는데, 그때 이미 송강호는 마음이 틀어졌습니다. "사모님을 사랑하나 보죠?" 이렇게 또 막 선을 넘죠. 사랑이니 뭐니 하는 건 은밀한 사생활의 영역인데 주제넘게 불쑥 치고 들어온 거죠. 그러니까 박사장이 이제 얼굴 싹 바꾸고 뭐라고 하죠? "오늘 일하시는 거 맞죠?" 계약관계를 들이밀죠. '돈 받고 하는 건데 왜 말이 많아', 이런 뜻이죠. 그리고 또 김기사 몸에서 나는 역한 냄새. 그러면서 팽팽한 긴장이 야기됩니다. 그 이후에 그 광란의 살인 사건이 벌어지는 거고.

그러니까 무슨 애 하나를 황제를 떠받들듯이 하는 겁니다. 이게 사랑인가요? 어렸을 때 생일파티 안 해 줘서 상처받은 적이 있어요? 뭐 좀 서운할 수야 있겠지만 금방 지나가지 않나요? 누가 그걸 오랫동안 마음에 두고 삽니까? 그런데, 이 영화를 보면 생일파티가 거의 제의 수준이에요. 라이브 연주회에 간든 파티, 인디언 퍼포먼스까지. 이게 정말 아이가 원하는 걸까요? 애 입장에서 정말 재밌을까요? 그럴 리가 없죠. 그저 보여 주기인 거죠. 우린 널 이렇게나 사랑한단다, 우리 집은 정말 스위트 홈이야, 뭐 이런 식으로. 저는 도대체 애 생일에 저렇게 신경을 쓰는 게 옛날부터 이해가 안 됐는데, 이 영화를 보고 이해를 했습니다. 다른 관계가 없으니까. 그 관계만 잔뜩 클로즈업 되는 거죠.

애가 트라우마가 있다고 하잖아요. 귀신, 귀신이 아니라 지하실에 있었던 사람을 본 건데, 기절하고 뭐 그랬다고 해요. 그런데 어릴 때 경기 한 번쯤 안하는 애가 어딨어요. 그런데 부모들은 그걸 자기들이 너무너무 잘못한 거라고 생각을 하는 거죠. 그러다 보니 황제를 떠받들 듯 시중을 드는 거예요. 왜 그러냐 하면, 다른 관계가 없으니까. 친구가 없고, 내가 뭐 마음을 써야 하는 사촌이 있는 것도 아니고. 심지어 고모, 이모, 삼촌도 없고. 아무것도 없죠. 이 세상에 관계라고는 딱 네 명밖에 없

영화 「기생충」 중에서

11

박사장네 가족은 아이 한 명의 생일을 축하하기 위해 지인들을 불러모아 성대한 파티를 연다. 많은 사람들이 등장하지만 카메라는 박사장네와 김 기사네 가족만을 보여 줄 뿐, 초대받은 사람의 누구도 비중 있게 비추지 않는다. 많은 사람들이 모여 있지만, 여전히 핵가족의 외부는 없다!

어. 그러니까 이렇게 될 수밖에 없습니다.

그러니까 자식을 사랑해서 생일파티를 해주는 게 아니라, 이런 거를 안 하면 내가 지금 관계를 맺고 있다는 걸 확인할 방법이 없는 거예요. 세상에 이런 기이한 삶이 있나요? 이렇게 집집마다 생일파티에 목숨을 거는데, 물론 경제력에 따라 정도의 차이는 있지만, 그러면서 왜 어린이날이 또 필요한 거죠? 어린이날은 가족이 아이들을 제대로 케어하기 어려웠던 시대의 산물인데, 이미 집에서 과잉보호를 받고 있는데 또 사회 전체가 어린이날을 기념한다는 건 참 모순이에요. 시대에 한참 뒤떨어진 거고….

솔직히 어린이날 하는 행사를 보면 대부분 아이들을 다시 소비의 화신으로 만드는 일이고요. 좀 씁쓸한 일이지만, 집에서건 사회에서건 아이들한테 베푸는 사랑은 다 상품과 이벤트밖에 없는 거죠. 진짜 이거는 너무나 병리학적인 거예요. 그러고 나면 뭘 하겠어요. 사교육에 올인할 수밖에 없죠. 그거 말고는 내가 주부로서 엄마로서의 정체성이 없어요. 그러니까 애를 사랑해서가 아니라 내가 세상에 존재한다는 걸 알릴 방법이 그것

❝❝

생각해 보면, 우리나라에서 가족이 같이 하는 일이 뭘까요? 외식이죠, 외식. 아니면 집에서 또 배달시켜 먹어요. 서로 먹고 먹이고. 이거 말고 다른 게 있나요? 예를 들면 인생에 대한 깊은 지혜를 주고받는다든지, 세상 돌아가는 이야기를 한다든지, 아니면 고전을 낭송한다든지….

말고는 없어졌다는 거예요. 산다는 건 관계 맺는 건데, 관계가 이렇게 짜부라들었으니 이 짜부라든 곳에서 밀도를 높이는 수밖에 없는 거죠(이게 얼마나 삶을 왜곡하는지를 지독하게, 적나라하게 보여 주는 영화가 「마더」입니다. 잠시도 아들한테서 눈을 떼지 못하는 엄마. 그러면서도 아들에 대해 전혀 알지 못하는 엄마. 자식을 구하기 위해 결국 살인, 방화까지 저지르게 되죠. 참 끔찍한 행로죠).

그래서 그 결과 어떻게 됐죠? 대한민국의 교육이 붕괴됐어요. 자식 때문에, 자식 교육 때문에 정말 인생에 쓴맛을 본 분들이 너무나 많아지고 있죠. 거의 모든 상류사회 사람들이나 공직자들조차 이 문제에서 벗어나기 어려울 거예요. 그러니까 이 설정 자체, '가족이 내 삶의 전부야'에서부터 단단히 잘못된 거예요. 그건 있을 수가 없는 일입니다. 세상에 어떤 사람이 가족만을 위해서 살죠?

'수신제가치국평천하'라고 하잖아요. 그게 몇 천 년 동안 동아시아 문명권의 이상적인 삶의 모습입니다. '수신제가치국평천하'라는, 이런 걸 하는 사람이 군자라는 겁니다. 수신제가도 못하면 소인배인 거죠. 그런데, 어떻게 이렇게 다 소인배를 만들어 놨죠? 그런데 소인배, 군자를 따지기 전에, 이런 식으로 살면 생리적으로 완전히 왜곡이 돼서, 이보다 더한 억압과 소외가 없어요. 잘 생각을 해보세요. 내가 왜 살까? 이런 생각 많이 하시죠? 내가 사는 건 세상과 연결돼서 사는 겁니다. 연결되었다고 느끼는 만큼이 내 존재감입니다.

지금 핵가족밖에 없으면 어떻게 돼요? 엄마, 아빠는 공감할 수 있는 대상이 아니잖아요. 세대도 다르고 정서적 감각도 다르고 그러니 오로지 돈을 주고받는 관계죠. 그것밖에는 소통하기가 불가능합니다. 그다음, 형제 두 명으로 이런 공감이 가능해요? 그러면 되게 위험한 관계가 됩니다. 둘이 너무 친해도 문제지만, 대개는 사이가 그렇게 좋지가 않아요. 서로 감정으로만 관계를 맺기 때문에 그렇습니다. 너무 피곤해지거든요. 그래서 남매 사이에 10년씩 말도 안 하고 지내는 경우도 있어요. 특별한 이유도 없이 그냥 싫은 거예요. 참 역설이죠. 4인가족, 두 명의 형제, 이렇게 간결한 관계인데 소통이 안 된다는 거. 더 큰 문제는 이런 식으로 가족이 전부라고 믿고 나머지는 다 부차적이라고 생각하면, 당연히 친구한테 내가 투여해야 될 에너지가 없습니다. 있다고 해도 거기에 투여해도 안 되죠. 핵가족이 외부로 흘러갈 에너지를 다 흡수해 버려요. 그러니 이제 우리나라 교육이 친구를 다 밟아야 되는 상황으로 흘러온 거죠. 있던 친구도 다 '아웃!'이에요.

'단번에 도약'을 꿈꾸는 가난한 가족

그러니까 가난한 사람의 연대? 이런 건 있을 수가 없는 겁니다. 을들끼리의 연대? 소통? 절대 안 됩니다. 그냥 밟아서 치워 버려야 하는 존재인 거죠. 제거를 해야 내가 그 자리에 들어가니까. 그런데 이게 가족 단위로 그런 일에 합의가 된다는 거죠. 다른 테마, 예컨대 어떻게 인간답게 살까? 어떻게 하면 의미있게 살까? 이런 이야기들은 핵가족 안에서 나올 수가 없어요. 오로지 어떻게 아파트 평수를 늘릴까, 일자리를 꿰차고 얼마를 더 벌까. 이런 이야기 외에는 할 수 없는 관계입니다. 그렇게 해서 돈이 모이면 어떻게 되겠어요. 그럼 당연히 대만

돈까스인지 대왕 카스텔라인지를 하겠지요. 난 그걸 맛도 못 봤는데 유행이 끝났더군요. 그런데 그게 되게 유행을 했었다더라고요? 영화에서도 두 집 다 대만 카스텔라로 망했잖아요. 한 집은 폭삭 망하고 그래서 지하실로 숨어들었고, 김기사네는 그래도 사채는 안 썼나 봅니다. 그러니까 반지하로 간 거겠죠? 그러니까 돈이 생기면 그런 걸 해요. 그 다음에 거기서 더 돈이 생기면 큰 집으로 이사를 가죠.

그래서 마지막에 이 아들, 모든 계획의 시작점이었던 기우라는 아들이 있잖아요. 이 아들이 자기가 책임을 지겠어, 그러고는 박서준이 선물한 돌멩이(수석)를 들고 지하실로 가다가(살인을 결심한 거죠) 되려 자기가 돌을 맞아서 기절을 하고, 그 사이에 그 파국이 벌어지잖아요. '덕분에' 살아남기는 한 거죠. 이 아들이 마지막에 아버지가 지하에 갇혀 있다는 걸 알게 되지요. 나오면 이제 살인죄로 잡혀가니까. 못 나오는 거죠. 그런데 마지막 엔딩에서 아들이 이런 말을 합니다. "아버지 전 오늘 계획을 세웠습니다. 대학, 취직, 결혼 다 좋지만 일단 돈부터 벌겠습니다, 돈을 벌면 이 집부터 사겠습니다."

그 집을 사겠다는 계획인데, 걔가 그 집을 살 방법은 뭐가 있을까요? 어떤 사기를 쳐야 그 집을 살 수 있을까요? 현재로선 보이스피싱밖에 없죠. 걔는 그 재능이 있습니다. 화술도 좋고 사람 심리를 컨트롤할 줄도 알고. 가장 빠른 방법이죠. 부동산이나 주식은 투자금이 있어야 하는 거고.

그 계획이 딱 세워지는 순간부터 얘는 아마 피가 돌거예요. 요즘은 보이스피싱도 많이 발전을 해서 아예 어플 자체를 깐답니다. 그래서 검찰청으로 전화했는데 이 사람들이 다 받는대요. 이 영화에서도 그렇게 하잖아요. 자기 엄마 취직시킬 때 무슨 '케어'인가 하는 회사라고 명함 줘서 전화하면 딸이 딱 받고…. 이렇게 되는 거죠. 그래서 진짜 검사가 직접 받는 것처럼 받고, 검찰청에 확인 전화하면 검찰청인 것처럼 자기들이 받고 이런답니다. 이 정도로 지금 인터넷을 활용하고 있다고 하네요. 이제 더더욱 진화하겠죠. 그런데 진화를 할 때 어떻게 하냐면 사람들의 약한 고리를 기막히게 파고듭니다. 통장 내역은 물론이고, 사람들이 관심 가질 만한 것을 면밀히 파악하고, 그래서 심리학 공부도 그렇게 열심히

영화 「기생충」 중에서

12

영화의 마지막 장면에서 기우는 돈을 벌어 저택을 사고 아버지를 구하는
상상을 한다. 자신과 어머니는 햇빛 좋은 정원에서 기다리고 있고, 아버지
는 곧 지상으로 올라올 것이다. 하지만 이건 다시 누군가에게 사기를 치지
않는 이상 불가능한 계획이다. 그리고 이 왜곡된 희망은 다시 지하실로 이
어져 있을 것이다.

하고 그런답니다. 여기 <감이당>에 있는 사람들보다 인문학 공부를 더 많이 할 거 같아요. 왜냐하면 피가 도니까. 계획이 있으면 피가 도는 겁니다. 그래서 막 IT 이런 분야도 꿰고 있겠죠. 그런데 우리는 '아니 저런 재능이 있으면 제 힘으로 먹고살 거 같은데, 저 정도의 체력과 저 정도의 재능으로 도대체 왜 저러고 살지?', 이런 생각을 합니다. 하지만 이거는 아날로그식 욕망이죠. 그런 얘기하면 바로 '올드앤스튜피드'가 되는 겁니다. '영앤심플'이 아니라 '올드앤콤플렉스'.(^^)

그러니깐 지금 사람들을 움직이는 건 단번에 도약하는 거지요. 차근차근 버는 거, 이런 게 아닙니다. 성실한 노력? 이런 건 진짜 시시한 거죠. 그런 거 할 바엔 제시카처럼 그냥 와이파이 잡고 변기통 위에서 담배나 꼬나물고 쾌락을 즐기겠어, 이렇게 생각하는 겁니다. 이게 이해되지 않아요? 청년들은 아주 이해가 될 걸요? 그러니까 "왜 그 건강한 몸으로 그렇게 사냐?", 이런 얘기는 산업화 세대가 하는 겁니다. '저 사람은 6.25 전쟁 때 청춘을 보냈나?' 이런 오해를 받을 수 있어요. 지금은 단번에 도약해서 내가 마구 먹고 마시고 소비할 수 있어야 합니다. 그래야 뭔가 '살아 있네' 이런 느낌이 드는 거고. 핵가족이 이런 욕망과 함께 진화를 해온 거죠. 그래서 이게 묵시록입니다.

여기서 더 갈 곳이 없습니다. 출구가 없어요. 정말 폭발(혹은 붕괴) 직전이에요. 이렇게 계속 가면. 그러니까 반지하에서 바로 저 박사장네 대저택으로 가는 설정 말고는 계획이라는 게 있을 수 없는 거죠. 그거 말고는 삶의 의욕이 충전되질 않아요. 그런 점에서 집, 곧 주거공간을 둘러싼 전투라고 할 수 있죠. 그래서 성공하면 대저택에 사는 거고, 빚을 지면 어떻게 되죠? 반지하로 가면 되죠. 만약 아들도 하다가 실패했어. 그러면 빚쟁이한테 쫓겨서 아버지가 있는 지하로 가는 거죠. 그럼 문광 씨네 부부가 그랬던 것처럼 부자(父子)가 밤에 나와서 냉장고 털어먹고 가끔 짜파구리도 끓여 먹고 그러고 사는 거죠. 이런 구조가 지금 이 영화가 말하는 우리 시대의 자화상입니다.

지금까지 제가 핵가족 비판을 많이 해오긴 했지만 이런 모습은 진짜 끔찍합니다. 저는 핵가족 안에 살 틈이 별로 없이 살다가, 바야흐로 독거노인이 되고 보니,

정말 외부에서 볼 때 너무나 끔찍한 거예요. 저 지독한 애착에는 소유욕밖에 없어요. 저기에서는 절대 생명력이나 윤리, 삶의 의미 같은 건 창조될 수 없는 구조입니다. 누가 저기에 들어가더라도 마찬가지예요.

네트워크의 붕괴와 퇴행

사실 이제 핵가족도 붕괴가 되고 있죠. 1인가구가 늘어나고 비혼족이 늘고, 이렇게 되면 이제 더 이상 핵가족 자체는 존재할 수 없죠. 없는 쪽으로 이미 갔어요, 갔는데…. 문제는 아직도 핵가족을 기준으로 해서 그게 안 되면 결핍이라고 해석을 하는 거죠. 기준은 여전히 핵가족인 겁니다. 이런 식의 정치담론이나 휴머니즘 타령이 솔직히 좀 지겨워요. 가족의 화목함, 사랑, 막 이런 게 삶의 어떤 중요한 표지가 되는 것이…. 가족은 그냥 생명의 베이스인 거예요. 태어나서 이 베이스캠프를 배경 삼아서 자기의 길을 가는 거예요. 그러니까 '수신'을 하고 '제가'를 하고 '치국'을 하고 '평천하'를 하는 쪽으로 가는 겁니다. 누구든 나아가서 새로운 가족이든 새로운 네트워크든 형성을 하는 거라고요. 왜 평생 자꾸 이 핵가족으로 되돌아오냐 말이죠.

그럴 때 저 문광 씨 부부처럼 퇴행을 하는 겁니다. 지하에 살았던 그 문광 씨 남편은 원래 자기가 거기에 살았던 사람 같다고 하잖아요. 그래서 자기를 먹여 살려주는 박사장한테 매일 모스부호로 "리스펙"을 외치는 거고. 그것도 이제 존재의 방식인 거죠. 먹고 살고, 책도 있죠, 거기에. 책도 보는 겁니다. 그리고 밤에는 이제 신한테 경배를 드리듯이 자본가한테 경배를 드리는… 이런 식으로 리듬을 만들어서 살고 있어요. 그런 식의 삶. 어떤 외부하고도 연결되지 않는 존재. 이게 지하실의 삶이죠. 김기사네 반지하도 창문밖에 없어요. 오줌 싸는 사람마저 없으면 진짜 너무 적막하죠. 그나마 이 사람이 이 가족을 열 받게 하죠. 그에 반해 박사장 집은 외부가 단 한 명도 없죠. 그러니까 이런 구조, 이 핵가족의 세 가지 모습에서 우리가 왔다갔다 하고 있다는 겁니다.

그래서 이건 핵가족에 대한 아주 '음울한' 묵시록이에요. 처음에 제목에는 '유쾌한'이라고 달았지만, 보고 있으면 도저히 유쾌해지지가 않더라고요. 너무 끔찍하다. 인간이 어떻게 저렇게 반생명적으로 살 수가 있나, 저런 설정이 가능한가, 하는 생각만 듭니다. 그런데 대부분의 사람들이 이런 모습으로 살거든요. 그래서 우정이라든기 멘토라든가 이런 사회적 관계를 기본적으로 밀어내고 있어요. 그런 건 사실 그냥 부록인 거죠. 그러니까 계속 가족으로 귀환하고 집착하고 이렇게 되는 겁니다. 뛰쳐나갈 통로가 없는 거예요. 쉽게 말하면 내가 외부로 나가려면 '사람의 벨트'를 타고 가는 거예요. 처음에 박서준이 연기한 그 사기꾼 친구라도 왔기 때문에 기택네 가족의 이동이 가능했잖아요. 그거마저 없으면 진짜 바퀴벌레처럼 반지하에서 그러고 사는 거예요. 통로가 없고 출구가 없는 거죠. 그렇게 사람은 사람을 타고 이동을 하는 건데, 정말 어쩌다 이렇게까지 사람하고 연결고리가 없는 시대가 왔을까요?

지금 대학생들은 혼밥족이잖아요. 이런 모습이 민주화세대가 만든 교육개혁의 결과물이라는 게 놀라울 따름입니다. 입시전형을 다원화하고 이런저런 개혁들을 했죠. 이렇게 다원화를 한 건 공부만 하는 게 아니라

"

가족은 그냥 생명의 베이스인 거예요.
태어나서 이 베이스캠프를 배경 삼아
서 자기의 길을 가는 거예요. 그러니
까 수신을 하고 제가를 하고 치국을
하고 평천하를 하는 쪽으로 가는 겁니
다. 누구든 나아가서 새로운 가족이든
새로운 네트워크든 형성을 하는 거라
고요. 왜 평생 자꾸 이 핵가족으로 되
돌아오냔 말이죠.

사회활동을 하고 여러 가지 네트워크에도 접속하라는 뜻이었어요. 그런데 네트워크에 접속한 게 아니라 핵가족을 비대하게 만든 거예요. 이 입시에 엄마가 다 개입을 하게 되었거든요. 우리나라 교육에 왜 이렇게 엄마가 난리를 치는지 정말 이해를 못했어요.

드라마 「스카이캐슬」이 적나라하게 보여 주듯 고등학생인데 어떻게 엄마가 저렇게 설쳐? 애가 알아서 해야지. 그런데 이게 뭐냐면 엄마의 경제력과 정보력이 승패를 결정짓도록 세팅이 된 겁니다. 일찌감치 이걸 눈치챘으면 이걸 차단을 했어야죠. 그런데 알고 보면 그 개혁의 주체들도 그 욕망에서 자유롭지가 않았던 거죠. 최고로 취약한 고리가 가족, 부모 자식의 애착 관계거든요. 그래서 근대 이전에는 어릴 때부터 자식을 아예 외부에서 교육을 시키고 다 성장해서 만나요. 절대 부모가 자식교육에 개입은 안 하는 겁니다. 부모 자식 간의 애착이 얼마나 지독한지 알기 때문에 그렇게 한 거죠. 그런데 현대인은 그 지독함을 몰라요. 너무 단순하다고 해야 하나 아니면 몽매하다고 해야 하나. 그러니까 핵가족을 예찬하는 짓을 계속 하는 거고….

출구는 없다?

그런데 이건 그야말로 자본의 교묘한 술책이죠. 스위트 홈이라는 환상에 빠져 있어야 끊임없이 소유를 늘리잖아요. 오직 사유재산의 증식 말고는 가족 간의 공유사항이 없다는 거. 그래서 모였다 하면 먹고 마시고 쇼핑하고…. 소비 말고는 같이 할 게 없죠. 결국 스위트 홈은 화폐로만 이루어진 관계인 셈이죠. 자본의 최전선, 혹은 그야말로 핵이라고 할 수 있죠. 그래서 이 영화를 보고 나면 봉준호 감독을 리스펙하게 되긴 하는데, 뭔가 갑갑하다, 속이 꽉 막힌 거 같다. 이런 느낌이 드는 것도 사실이에요. 제 조카는 정말 너무너무 불쾌한 영화였다, 이런 표현도 쓰더라고요. 우리 〈남산강학원 & 감이당〉 청년들은 저보다 먼저 봤는데, 지하실 부부의 등장이 충격이었나 봐요. 그 얘기만 주구장창 할 뿐, 그래서 뭐 어쨌는데 그러면, 그건 잘 모르겠다, 이런 식이었죠. 예술영화가 아닌데도 주제에 대한 토론이 거의 이루어지지 않더라고요. 신기하죠. 영화가 훌륭한 건 알겠는데, 내용과 주제에 대해 뭐라고 해야 할지는 잘 모르겠는….

초반의 전개를 보면 가정교사, 좀 '맹하고 예쁜' 부잣집 젊은 사모님이 등장하니까 가정교사 청년이랑 뭔가 썸씽이 벌어지려나, 이렇게 분위기를 끌고 가다가 반지하 가족이 하나씩 대저택으로 침투하면서, 어, 아닌가? 그러다가 비바람 몰아치는 날 문광 씨가 등장하고 지하실이 열리면서 완전 대반전이 시작되었죠. 그래서 제작사에서도 이 대목이 미리 퍼지지 않게 하려고 전력을 기울인 것도 이해가 되긴 합니다. 심지어 문광 씨 남편으로 나온 배우는 포스터는 물론이고 아예 기자회견 때도 등장시키지 않는 등 보안을 철저히 했더랬죠. 아무튼 지하실의 설정은 모두의 예상을 확 깨는 반전이자 충격이고 또 그 덕분에 전세계 영화상을 다 휩쓸게 된 포인트가 아닐까 싶어요. 그만큼 감독의 독창성과 문제의식이 집약된 콘셉트인 거죠. 제가 생각하기엔 이 지하실 부부의 등장으로 이 작품은 그야말로 '핵가족의 묵시록'이 되지 않았나 싶습니다.

그러니까 '이제 더 이상의 출구는 없다'는 선언이랄까요. 반지하는 그렇다 치고 훨씬 더 깊은 지하실마저 완전히 봉쇄된 셈이죠. 「괴물」이나 「설국열차」, 「옥자」는

13

동생의 영정 앞에서도 웃고 있는 기우. 여동생이 죽고 아버지는 살인자가
되어 사라져 버린 비극을 겪었지만, 뇌수술을 받은 기우는 웃음을 멈출 수
없다. 아버지의 모스부호를 읽고 곧바로 대저택을 차지할 계획에 뛰어드
는 걸 보면, 기우의 웃음은 비극에 대한 망각과 한 치도 변하지 않은 욕망
을 상징하는 듯하다.

어떻게든 튈 공간이 있었어요. 「괴물」에서는 송강호가 딸을 잃은 대신 고아 소년과 새로운 삶을 시작했고, 「설국열차」에서는 앞으로 앞으로 가다가 기차의 옆칸으로 탈출했죠. 이번엔 아버지는 희생되었지만 딸이 납치되었던 꼬마 소년을 안고 살아남았죠. 모두가 얼어붙은 설원이긴 하지만 북극곰을 등장시킴으로써 삶이 가능하다는 암시를 했고. 「옥자」는 슈퍼돼지 옥자를 구출하면서 동시에 새끼 돼지 한 마리도 탈출시켜 산골마을로 되돌아오죠.

공통적으로 몸뚱이 하나, 즉 야생성 하나로 절대적 권력에 맞서 싸우느라 많은 걸 치렀지만 그래도 새로운 가능성을 여는 방식으로 진행되었는데, 「기생충」에는 아무것도 없어요. 완전히 사방이 막혀 버린 세계죠. 외부를 상상조차 하기 어려워요. 딸 제시카는 죽었고, 엄마와 아들은 살아남았고, 아버지는 살인자가 되어 지하실에 다시 갇혔고. 새로운 접속이나 결합은 전혀 없죠. 그럴 여지가 없어요. 그래서 아버지는 문광 씨 남편이 그랬듯이 모스부호로 아들에게 편지를 쓰고, 먼 산에서 그 깜빡이를 발견한 아들은 그걸 해독해 내고(모스부호를 이렇게 빨리 터득하는 것도 대단한 거 같아요^^). 오직 그들만의 소통일 뿐!

변하지 않는 욕망의 궤도

아들이 말합니다. "아버지, 계획을 세웠습니다." 오, 역시 계획이 있어, 이 아들한테는. 희망이라든가 꿈이라든가 이런 표현을 절대 안 쓴다는 거, 이게 아주 중요합니다. 그런 시대는 간 거죠. 희망이나 꿈의 판타지가 사라진 건 좋은데, 문제는 그때 마주한 현실 인식이 참 황당하면서 동시에 각박하다는 거죠. "돈을 벌면 이 집부터 사겠습니다. 아버지는 그냥 계단만 올라오시면 됩니다." 와, 이게 아들의 계획이죠. 대학이고 뭐고 다 필요 없고 돈을 버는 거 이게 유일한 현실이죠.

그런데, 어떻게 돈을 벌죠? 갭투자? 보이스피싱? 로또? 이런 거 아니면 불가능해요. 알바나 직장에 다니면서 차근차근 모으는 것도 어렵지만, 그 이전에 그런 식으로 모으는 건 '돈'이라고 말하질 않습니다. '돈'은 무조건 '버는' 거고, 버는 건 왕창 끌어모으는 거예요. 그게 아들의 계획. '그 돈으로 이 집을 사버리겠다'라는 겁니다. 그러니까 속고 속이고 죽고 죽이는 엄청난 사건을 겪었는데도 이 아들, 이 청년한테는 돈을 벌어서 이 집을 산다는 그 욕망만 남은 거네요. 아니, 그 욕망이 너무나 명료하고 뚜렷해진 거죠. 그쵸? 엄청난 대혼돈, 일생일대의 비극 혹은 아수라장을 겪었는데도 말이죠. 앞에 「설국열차」에서 말했었죠. 인류대멸망이라는 재난을 겪고도 인간들은 기차 안에서처럼 그렇게밖엔 못 산다고. 비극이나 재난 자체가 인간을 구제하는 건 절대 아니라고. 개인도 마찬가지네요.

여동생이 죽고, 아버지가 살인자가 되고, 자신도 거의 뇌사에 이를 뻔했는데도, 더 리얼하게 말하면 돌멩이에 머리를 정통으로 맞았는데도, 욕망은 단 한 치도 바뀌지 않았다는 거, 제가 말하면서도 참 신기하네요.(^^) 정말이지 인간은 웬만해선 정신을 못 차리는가 봅니다. 아니면 너무 심하게 맞아서 그런가? 기절했다 병원에서 다시 깨어났을 때 계속 실실 웃어 대는 걸 보면 그럴 수도 있겠네요. 「마더」에서도 아들의 범죄를 덮기 위해 살인, 방화를 하고 나서 엄마가 벌판에서 춤을 추잖아요? 마지막 장면에선 망각을 위해 허벅지에 침을 꽂고 그다음엔 아무일도 없었다는 듯 역시 춤을 추죠. 비슷한 구조입니다. 암튼 이렇게 해서 비극적 상황을 한방에 날려 버리고 다시 계획에 몰두하는, 일종의 사이코패스가 된 건가, 싶기도 합니다. 그 다음 대목을 더 살펴보면 "아버지는 그냥 계단만 올라오시면 됩니다." 이것도 충격이죠. 집을 살 테니 그냥 지하실에서 올라오기만 하면 된다고. 이걸 부자간의 애틋한 정이 어쩌구 그렇게 표현하는 걸 보고 좀 기가 막혔는데…. 아버지가 살인자라는 건 안중에도 없는 거죠. 마치 당연히 죽여야 할 인간을 죽였다는 듯이 말이죠. 한마디로 인간 본연의 윤리 따위는 안중에도 없어요.

영화 초반부에 아들이 문서를 위조해서 대저택으로 갈 때, 아버지가 너는 계획이 있구나! 이랬던 것과 수미 쌍관이랄까, 아버지가 살인자인데도, "아버지는 그냥 계단만 올라오세요", 이러는 거죠. 이 아버지와 아들한테는 보편적인 윤리라든가 자기성찰 같은 건 아예 없어요. 사이코패스까지는 아니더라도 소시오패스인 건 분

명합니다. 그런데, 더 놀라운 건 이들 부자가 특별히 나쁜 사람들이 아니라는 거예요. 원래 범죄형 인간이라든지 아니면 성정이 몹시 거친 캐릭터가 아니라는 거죠. 그냥 보통 사람이라는 거, 이게 정말 무서운 일입니다. 보통 사람들의 마음속에 이런 식의 계획이 설정되고 있다는 게.

정말 대단하지 않습니까? 이쯤 되면 핵가족이라는 존재방식이 민주주의의 기본윤리도 다 먹어치운 거예요. 최소한의 존엄성도 없어요. 타인은 물론이고 자신에 대해서도. 남은 건 뭐죠? 냄새? 기생충 같은 삶? 저택에 대한 욕망? 이런 게 전부라는 건가요? 진짜 놀랍지 않아요? 그나마 조금이라도 동정심이 있었던 게 엄마랑 딸 제시카거든요. 지하실 부부를 발로 차서 밀어넣었을망정 파티가 한창일 때 음식을 챙겨서 내려가려고 하다가 저지당하죠. 결국 문광 씨 남편이 지하실에서 걸어올라오면서 아수라장이 펼쳐지는데, 그 와중에 제시카만 죽죠. 아버지와 아들은 이런 식의 멘탈 자체도 없어요. 아버지는 완전히 무명상태에 빠졌고 아들은 살인의지로 충만하여 돌멩이를 들고 가다가 자신이 그 돌에 맞고,

아버지는 냄새 때문에 사장을 죽이게 되고…. 자신들이 당하는 모멸감, 그것도 딱 냄새와 결부된 측면에서만 반응합니다. 그걸 자존심이라고 하기는 뭣한 게, 지극히 부정적이고 파괴적인 충동이기 때문이죠. 더 이상 참을 수 없는 마지노선 같은 거. 그래서 살인충동으로 폭발해 버리는 겁니다. 그러고 나서도 아무런 죄의식이나 성찰이 없이 다음 계획을 실행한다는 거, 여기에 핵가족이 붕괴될 수밖에 없는 이유가 있다고 봅니다.

최근 벌어지는 가족범죄 사건들도 보면, 정말 대단합니다. 혈통에 대한 집착이 모든 걸 다 외면하게 만들어요. 내 아이 빼고는 다 없어도 된다고 여기거나 아니면 사업이 실패하거나 이혼을 해야 할 때 아이들과 함께 동반자살을 시도한다거나. 동반자살이 아니라 타살인 셈이죠. 아이들은 동의했을 리가 없으니. 어떻게 그럴 수 있을까? 결국 가족이란 소유물에 해당하는 거예요. "내 새끼, 내 새끼" 하면서 정말 '내 꺼'라는 착각에 빠진 걸까요? 그렇게 집착하면서 동시에 언제든 생명을 빼앗을 수 있다고 생각하는 거죠. 또는 내가 아니면 이 아이는 절대로 살아갈 수 없을 거라고 확신하는 거고요.

그런 식의 소유와 집착, 그리고 파괴가 가능한 건 핵가족 안에 최소한의 윤리적 전제도 없다는 걸 의미합니다. 전통적인 가족은 그것을 유지하기 위해 오륜이니 효니 우애니 하는 번거롭긴 하지만 그래도 윤리적 기준을 가지고 있었는데, 지금은 그저 가족이 전부야, 가족만이 내 인생의 버팀목이야, 이러고 끝나는 거죠. 어떤 방식으로 관계를 맺어야 하는지에 대한 최소한의 공감대나 잣대가 없어요.

저도 그동안 강의에서 핵가족 비판은 정말 많이 해왔는데, 이걸 이렇게 섬뜩한 방식으로, 적나라하게 보여주다니, 한편 봉감독이 존경스럽기도 하고 좀 무섭기도 하더라고요. 앞에 나온 작품들과 비교해 보면 더욱 그렇죠. 「괴물」, 「설국열차」, 「옥자」는 다 비정상적 가족이에요. 특히 엄마가 다 없어요. 그래서 외부로 연결되는 지점이 있고, 그래서 또 출구가 있어요. 「기생충」은 반지하건 대저택이건 완전체 핵가족이죠. 엄마, 아빠, 아들 하나, 딸 하나. 완벽한 만큼 꽉 막혀 있어요. 외부로 통하는 통로가 없어요. 왜냐? 그것만이 내 세상이니까요.

특히 엄마가 핵심이라는 걸 알겠어요. 아마 그래서

이전 작품에선 엄마가 다 부재했던 거겠죠. 엄마'만' 존재했던 「마더」가 얼마나 끔찍한 것인지에 대한 이야기는 앞에서 간략히 짚어 봤고요. 외부가 없으면 내부는 공기가 희박해져요. 우리가 세상의 전부야, 이렇게 생각하는 순간 윤리고 뭐고 아무것도 없죠. 우리 가족만 잘 살면 돼. 잘 산다는 것도 방향은 딱 하나죠. 다 취직해서 돈 벌고 그 돈으로 펑펑 쓰고 먹고 마시고…. 이게 다예요. 이런 걸 사랑이라고 거대한 착각을 하는 겁니다. 오 마이 갓!

완전체 핵가족들이 서로 부딪히면 어떻게 될까요? 핵과 핵의 충돌이 되는 거죠. 외부가 없으니 서로를 인정할 방법이 없어요. 아니, 그런 건 생각해 본 적도 없고요. 그러니 어떻게든 서로를 밟고 올라가는가밖에는 없는 거죠. 정말 처절하게 싸우지 않습니까? 와~ 세 종류의 가족이 벌이는 난투극을 이렇게 치밀하게 그릴 수 있다니! 그리고 앞의 작품들에는 늘 새로운 꼬마들이 결합했는데, 「기생충」에선 아무런 새로운 결합이 없어요. 외부와 소통한 적이 없으니 당연히 그렇죠. 남는 건 오직 그 대저택을 접수하는 것뿐.

이 아들이 대저택을 접수하고 나면 어떤 일이 벌어 질까요? 당연히 또 다른 루저들이 반지하로 들어갈 것이고, 지하실에서 아버지가 걸어나오는 순간, 또 누군가가 그 지하로 잠입해 들어가겠죠. 아들이 결혼을 해서 아들 딸을 낳으면 과외를 해야 하니까 또 과외선생이 들어올 거고, 가정부가 들어올 거고, 기사가 들어오겠죠. 그러면 다시 대저택을 둘러싼 혈투가 벌어지겠죠. 서로가 서로에게 기생충이 되어 가는…. 이게 바로 핵가족의 묵시록이라는 겁니다. 전혀 출구가 없어요. 이건 봉준호 감독이 우리 사회, 특히 가족구조를 보는 해석적 틀입니다. 반지하와 대저택을 통해 계급적 격차를 보여 주려고 했다고 하는 건 참 순진한 해석이죠. 계급적 격차를 해소하고 나면 뭐가 달라질까요? 아무것도 바뀌지 않아요.

핵가족의 폐쇄회로에서 탈출하기!

이 영화는 핵가족의 묵시록을 보여 주는 것으로 소기의 목적을 충분히 달성했다고 봐요. 자, 여기가 우리가서 있는 지점이다, 출구는 없다! 출구는 오직 각자 알아서 찾아야 한다. 이렇게 선언하는 셈이죠. 사실 이건 아주 중요한데, 우리가 방향을 바꾸려면 어디에 있는지부터 살펴야 하니까요. 내가 어디에 있는지 모르는데 어떻게 길을 찾겠습니까? 이전의 작품들이 "그래도 샛길이 있고 미세하지만 통로가 있어"라고 했다면 이젠 "사방이 다 봉쇄되었어, 어쩔 거야?" 이렇게 묻는 거 같아요. 이전의 통로들, 새로운 가족의 결합, '생명은 계속된다' 같은 메시지는 이제 낭만적 판타지에 불과해, 진짜 리얼은 어디에도 길이 없다는 거야. 우리는 사방이 꽉 막힌 감옥에 갇혔어, 이렇게 말하는 것처럼 보입니다.

그래서 이 불편한 진실, 좀 끔찍해 보이는 묵시록을 정면으로 응시하는 데서부터 시작해야 합니다. 그럼 길이 보일 수도 있어요. 제가 생각하는 출구는 이렇습니다. 계획을 버려! 꿈에서 계획으로 이동했지만 그건 사실 유사한 틀의 반복이죠. 꿈이 멋지게 포장된 거라면, 계획은 좀더 야비하고 교활할 뿐이죠. 꿈이 낭만적 위선에 가깝다면, 계획은 위악의 리얼리즘이라고 할까요. 그러니 계획을 버리는 데서부터 다시 시작해야 합니다.

영화 중간에 보면, 큰 체육관에 수재민이 되어서 함께 누워 있을 때 아버지가 말하죠. 무계획이 계획이라고. 거기서는 다소 냉소와 절망이 담긴 말이지만 뉘앙스만 바꾸면 딱 맞는 말이에요. 계획을 더 이상 하지 않는 거. 무계획의 삶을 살아 내는 거. 그래야 비로소 핵가족은 사방이 막힌 폐쇄회로에서 출구를 발견할 수 있습니다. 핵가족을 꽁꽁 묶어 놓는 게 바로 그 '우라질' 계획이라는 거 아닙니까? 명문대를 가야 해, 공무원이 되어야 해, 대기업에 들어가야 해, 30평 이상의 아파트를 사야 해, 갭투자를 해야 해, 비트코인을 사야 해, 등등. 이놈의 계획만 내려놓으면 가족은 서로 멋진 커뮤니티가 될 수 있어요.

엄마, 아빠, 아이가 친구가 되는 거죠. 친구는 친구를 부릅니다. 친구의 친구는 나의 친구가 되잖아요? 잘 감이 안 오나요? 앞에서도 말했듯이, 혈연적 관계란 기본적으로 베이스캠프에 해당합니다. 베이스캠프가 뭐예요? 세상이라는 무대로 나아가게 해주는 뒷배경인 거죠. 해가 뜨면 나가서 활발하게 움직이다가 해가 지면 돌아와 휴식과 충전을 하는 곳. 그게 베이스캠프죠. 그래야 내일은 한 걸음 더 세상 속으로 갈 수 있을 테니. 그래야 삶이 재미지고 살아 있다고 느껴요. 그런데, 핵가족은 완전히 거꾸로 되어 버렸어요. 세상을 향해 나아가지 못하게 붙들어 매는 곳. 어디서 뭘 하든 늘 돌아가야 하는 귀환처가 되고 말았어요. 니체 말대로 현대인은 뭔가를 손에 들고 집으로 가는 것 말고는 아무것도 생각하지 못하는 그런 존재가 되고 말았죠. 이제 그걸 그만두어야 합니다. 서로가 서로를 챙겨 주고 걱정한다면서 그 내용을 들여다보면 오직 경제적 이익 말고 없잖아요? 그 결과 존재가 너무 무거워졌어요. 가족을 떠올리면 마음이 넉넉하고 편안하다, 이런 경우는 거의 없고 답답하고 부담스럽죠. 사랑할수록 짐이 되는 관계, 그게 가족인 거죠. 그런 상황에선 서로에 대한 존중이 불가능해요.

그래서 일단 계획을 버려야 합니다. 계획이 없는, 무계획의 관계, 오직 생명 차원에서의 연대. 세상을 향해 나가도록 힘차게 응원해 주는 관계. '살아 있음'만으로 충분한 관계. 그래야 합니다. 「괴물」의 비정상적 가족, 「설국열차」의 부녀, 「옥자」의 기이한 가족 등이 바로 그런 거였어요. 그 가족들이 우리에게 감동이었던 건 바로 「기생충」의 키워드인 '계획'이 없었기 때문입니다. 그래서 생명이 위험하면 주저 없이, 가차 없이 온몸으로 돌진해서 기어코 새로운 길을 내는 것. 제가 늘 농담처럼 이야기하는 '가족은 생사확인이 젤 중요하다'는 것도 그런 의미입니다. 생명과 생명으로서의 연대감. 멋지지 않나요? 그러면 저절로 자존감을 지키게 되고 세상에 나가서 함부로 살지 않습니다. 그런 든든한 배경이 있는데, 뭐가 아쉬워서 속이고 삥뜯고 짓밟고 하겠어요? 봉준호 감독은 '이제 그런 식의 대안은 없다!'고 생각했을지도 모르겠지만 제가 보기엔 여전히 그 길밖엔 없어요. 감독이 버린 카드라 해도 다시 주워서 재생시킬 수밖에요.

이런 식으로 인식의 대전환이 일어나지 않으면 「기생충」의 비극은 계속될 겁니다. 집집마다 묵시록을 찍어야겠죠. 출구가 봉쇄된 채 정서적 집착과 경제적 이익만을 기준으로 하면 결국 서로 속고 속이고 미워할 수밖에 없거든요. 그런 파국이 오기 전에 핵가족을 베이스캠프로 바꾸는 거 이건 정말 절실한 문제입니다. 디지털이 온 세상을 연결하는 이런 시대에 핵가족의 쳇바퀴 안에서만 사는 건 정말 슬픈 일이 아닐 수 없습니다. 제가 40대 이후 공동체 생활을 계속하고 있는 것도 같은 맥락입니다. 공동체 활동을 한다고 하면 뭐 대단한 명분이나 대의가 있는 줄들 아시는데, 사실 하면 할수록 간단해요. 집을 나와 함께 살아갈 수 있는 네트워크가 있다는 것 그 자체로 충분해요. 만약 이게 없다면 어떻게 살까? 집에서 다시 집으로, 가족에서 다시 가족으로 이어지는 삶은 상상만 해도 끔찍합니다. 〈감이당〉에 오는 많은 분들이 겪는 상처의 온상 역시 다 핵가족이에요. 핵가족의 삶에서 보람과 충만함을 느끼는 케이스는 본 적이 없어요. 그러니 부디, 핵가족을 베이스캠프로 혹은 생명의 플랫폼으로 변환하는 길에 대하여 모색해 보자고요. 그럼, 오늘 강의는 이걸로 마치겠습니다.

질의응답

Q. 강의에서 냄새에 대한 이야기를 많이 해주셨는데요. 저는 냄새 나는 게 싫어서 양치를 자주 하는 편입니다. 이런 습관이 사람들과 관계를 맺는 데 영향을 미칠까요?

A. 양치질을 자주 하는 것, 그것도 냄새 때문에 그렇게 하는 건 아무래도 위생관념, 위생권력, 이런 것과 관련이 있겠죠. 위생을 철저히 한다고 하는 일들이 오히려 면역력을 많이 떨어뜨리는 경우도 있습니다. 왜냐하면 위생을 지키는 것에서 끝나지 않고 이질적인 게 섞이는 걸 싫어하는 속성으로 이어지기가 쉽기 때문이에요. 우리가 깨끗한 바닥에 떨어진 음식이면 바로 주워서 먹을 수도 있고 그런 건데, 아이들이 그러는 걸 보면 그 부모들이 막 치를 떨어요. 그렇게 이질적인 것과 섞이는 걸 싫어하다 보면 다른 사람들, 가령 이웃이나 친척들이 애를 돌볼 수 없게 되잖아요? 그래서 애를 혼자 키워야 되는 거죠. 하지만 그렇게 위생을 따지고 이유식을 어떻게 먹일지 꼼꼼히 따지는데, 집은 엉망인 경우들도 많죠. 그렇게 집을 더럽게 하고 있으면서 먹는 건 꼼꼼히 챙기는 것이 진짜 놀랍지 않나요? 그러니까 너무 부조리한 겁니다.

그런데 문제는 내가 이렇게 '내 몸을 배려해서 청결을

유지한다'하고, '이질적인 게 섞이는 게 싫어', 이거는 다른 거예요. 그런데 대개 이 두 가지가 연결이 됩니다. 그러면 자기 행동 폭이 좁아지겠죠. 그래서 몸의 면역력이 떨어집니다. 내가 심리적으로 좀 낯설고 나한테 호의적이지 않은 사람하고는 아예 관계를 안 맺는 거예요. 영화의 박사장 부부처럼. 좋게좋게 해서 빨리 정리하는 식으로. 그러니까 이렇게 되면 관계가 너무 좁아지잖아요. 혼자 밥 먹고 혼자 카페에 가고, 그렇게 해야겠죠. 이게 문제인 겁니다.

사람들하고, 친구들하고 막 섞여서 잘 노는데 유난히 양치를 많이 한다. 그래도 괜찮아요. 그런 사람도 있고 좀 안 씻는 사람도 있는 거지. 그런데 나는 아예 저런 환경에는 들어가지 않겠어, 이런 식으로 생각을 한다면 친구는 한 명도 안 생기겠죠. 그러니까 내가 내 몸을 배려해서 하는 행동과 이렇게 관계를 끊는 행동 패턴이 인과로 연결이 되면 안 되는데, 사실 대부분 그렇게 돼요.

강의를 하면서 결핵 얘기를 미처 못했네요. 영화에 보면 문광 씨를 결핵 환자로 만들어서 쫓아내죠. 복숭아 알러지라는 체질적 결함을 교묘하게 활용한 건데, 저 역시 복숭아 알러지로 복숭아는 손도 못 대는 처지라 더더욱 소름끼

치는 장면이었어요. 그때 그 '영앤심플' 사모님이 뭐라고 하
냐면, 결핵 환자가 집에서 이렇게 살림을 했다는 걸 알면, 심
지어 그런 사람이 애들 먹을 거 챙기고 한 걸 알면 자기는 남
편한테 능지처참에 교수형이라고 하잖아요. 남편한테 비밀
로 해달라고 김기사한테 통사정하죠. 이 부부는 정말 대단한
거 아닌가요? 남편한테 '가정부 아줌마가 알고 보니 결핵 환
자였대', 이 얘기를 못하는 거죠. 아니, 심각하면 심각할수록
얘기를 해야 되는 거 아닌가요? 부부가. 더구나 요즘은 결핵
이 치명적인 질병도 아니죠. 백신이 있으니까요. 그리고 그
사이에 문광 씨랑 주고받은 정이 있을 텐데, 사실 가장 먼저
문광 씨 몸에 대해 걱정을 해야 하는 거 아니에요? 사람이면.
그저 자기들한테 균을 옮길까 봐 부르르 떠는 거죠. 이건 인
간성도 문제지만 그 이전에 너무 무능한 거예요. 그럼, 이 부
부는 뭘 하는 관계죠. 적당히 섹스하고, 적당한 선에서 돈과
일을 분담하는 뭐 이런 관계인 거죠. 결핵균, 정액, 냄새. 이
런 건 절대로 그 관계 속으로 들어오면 안 되는 거고요.

　하여튼 현대인이 위생을 잘 지킬 수 있는 조건에 있으면
부자인 거죠. 위생을 지키는 것에는 빈부격차가 없었는데,
유기농 먹고, 절대 오염되지 않은 거 먹고, 이런 식으로 새로

운 신분을 또 만드는 거죠, 계속. 그래야 뭐가 차이가 나고, 차별이 가능한 거 아니겠어요? 자기는 부자인데 외모만 봐서는 그렇게 부유하지 않은 사람과 똑같아. 그럼 부자들이 얼마나 쓸쓸하겠어요?(^^) 뭐라도 선이 있어야 되겠죠. '지하철 타는 사람들'한테서 나는 냄새 같은 게 그런 거죠.

좀 정리를 하자면, 그러니까 위생관념이 이런 차별의 인식론이나 내가 사람을 대하는 태도, 이런 것들하고 어떻게 연결되는지를 잘 봐야 한다는 겁니다. 그냥 깔끔한 애도 있고, 좀 안 씻는 사람도 있는 건데, 그런 걸 다 균질화해야겠다고 하면 위생권력이 되는 겁니다. 그런데 면역력은 절대로 그렇게 작동하는 게 아닙니다.

그리고 양치를 많이 한다고 입 냄새가 안 나는 게 아니죠. 위에 열이 있으면 입 냄새가 납니다. 잇몸에 염증이 있어도 나고. 그래서 다들 양치를 죽어라 하는데 또 치약을 엄청 많이 묻혀서 하거든요? 그러면 이가 약해집니다. 그래서 하루에 보통 아침 저녁으로만 하면 되는데, 꼭 더 하고 싶다 할 때는 치약을 안 묻히고 하는 거죠. 음식찌꺼기만 제거하는 거예요. 물로 잘 헹구고. 식생활도 조정해야겠죠. 요즘 유행하는 온갖 음료수 있잖아요. 이런 음료수들에 당분이 많이

들어가 있죠. 그런 게 사실 입 냄새를 만드는 겁니다. 그러나 무엇보다도 술, 고기가 입 냄새를 제일 많이 만들지 않을까요? 술, 고기, 담배. 몇십 년 여기에 찌들면 냄새가 안 나는 게 이상하겠죠? 그러니까 가족들도 그걸 다 알겠죠, 아마. 노동과 일상의 흔적이니까. 그래서 위나 간이 탈이 나죠. 이렇게 어쩔 수 없이 섞여서들 사는데요.

그런데 냄새를 못 참는다, 이건 무능력입니다. 냄새가 나면, 아 저런 냄새도 있구나 하면 되는 거죠. 사실 제일 더럽다는 똥냄새가 항암제라고도 하잖아요. 앗, 그렇다면 방귀를 서로 열심히 뀌어야 하는 건가요?(^^) 그러니까 지금처럼 더러운 걸 다 없애 버렸는데, 그렇게 해서 사실 몸은 더 약해지는 거죠. 게다가 요즘은 전세계가 미세먼지 앞에 꼼짝없이 노출되고 있는데, 이런 건 어떻게 위생으로 대처할 수가 있는 게 아니잖아요. 그러니 면역력으로 버텨야 됩니다. 코로나를 겪어 보니 더더욱 그런 것 같아요.

결론은 입 냄새는 위장이 안 좋고 위에 열이 있어 생기기 쉽다는 것, 그러면 그 열을 빨리 꺼트리는 쪽으로 치료를 해야지, 양치를 자주 한다고 되는 문제는 아니라는 겁니다.

Q. 핵가족의 문제점에 대해 많은 말씀을 해주셨는데요. 저는 가족의 울타리 안에 있을 때 안정감과 편안함을 느낍니다. 가정이 화목하고 문제가 없더라도 집을 떠나야 하는 걸까요? 왜 꼭 타자와 만나야 하는 걸까요?

A. 좋은 질문입니다. 그 기분 충분히 이해합니다. (^^) 하지만, 집에서 길로 나서야 하고, 타자와 만나야 합니다. 이건 생명 차원의 대전제예요. 제가 강의 내내 핵가족의 붕괴를 말했지만, 사실 뭐 단란하고 화목한 집도 얼마든지 있죠. 인정해요. 하지만 그것은 지극히 일시적인 상태의 반영이고, 또 그런 가족이 있다고 해서 보편적인 기준이 될 수도 없어요. 왜냐면, 인간은 생로병사하는 존재라 단란하고 화목한 상태가 지속될 수가 없습니다. 가족의 누군가는 먼저 세상을 떠나야 하고, 그게 아니어도 병이 들고 늙고 하는 과정을 피할 수가 없잖아요? 그럴 때도 지금의 화목함이 유지될까요? 그렇다면 지금 일어나는 가족을 둘러싼 그 숱한 사건사고들이 안 일어나겠죠. 막장드라마는 물론이고, 「기생충」 같은 영화도 안 만들어졌을 거고요. (^^)

또 하나는 그런 단란하고 화목한 가족이 사회적 척도가

되어 버리면 거기에 포함될 수 없는 유형들, 여러 케이스가 있죠. 엄마가 없다든가, 고아, 혹은 1인가구, 또 조손가정 등등은 영원히 결핍과 상처로 살아야 한다는 뜻이 되거든요. 그건 참 이상한 일 아닌가요? 살다 보니 온갖 우여곡절을 겪고, 그러면 자연스럽게 가족관계도 각양각색이 되는 법인데, 그게 왜 비정상이나 결손으로 취급받아야 하는 걸까요? 그런 가족도 얼마든지 화목할 수 있고, 「괴물」이나 「옥자」에서 보듯이 관계가 더 끈끈할 수 있어요. 물론 그것도 지속될 수는 없어요. 어느 순간 균열이 일어나고 서로 헤어지거나 멀어지는 일이 벌어지게 됩니다. 결국 지금 화목하냐 안 하냐, '정상'이냐 '결손'이냐, 이런 차원의 문제가 아니라는 거예요.

생명 차원에서 생각해 보면, 모든 존재는 부모의 돌봄을 받다가 자기의 생을 영위하기 위해 떠나요. 이건 너무 당연하지 않나요? 아무리 단란해도 결혼을 하려면 집을 떠나야죠. 아니, 그 이전에 머나먼 타국까지 유학도 가잖아요? 학교를 간다는 것 자체가 이미 집을 떠나는 행위입니다. 학교를 가는 순간 대부분의 시간을 집 바깥에서, 낯선 존재들과 지내는 거죠. 학교를 마치면, 직장으로, 그다음엔 결혼으로. 특별한 경우엔 출가를 하기도 하고요. 이것이 인생의 행로죠.

그러니까 이게 대전제라면, 아예 처음부터 가족에 대한 표상을 바꾸자는 거예요. 집에 문제가 있어서 길에 나서는 게 아니라, 길을 나서는 게 인생이니까 집에 대한 의존과 집착을 버리자는 거죠. 그렇게만 되어도 가족끼리 서로 상처를 주고받는 일은 훨씬 줄어들 겁니다. 또 소위 정상적 가족을 이루지 못한 경우라고 해도 전혀 문제될 게 없겠죠. 그저 다를 뿐이지 모자란 게 아니니까요.

그리고 더 중요한 사항은 가족은 혈연과 혼인을 바탕으로 한 관계니까 서로를 객관화하고 이성적으로 관계맺기가 어렵습니다. 그러니까 절대 서로에게 타자가 될 수 없다는 겁니다. 그런데 사람이 성장한다는 건 타자를 만나서 그 타자들과 공존하는 것을 의미해요. 내가 얼마나 많은, 다양한 타자들과 공생할 수 있는가, 그게 자신의 인생이라고 할 수 있어요. 그게 존재의 면역력이자 내공이기도 하고요. 그런데, 그게 가족 안에서는 가능하지 않죠. 어릴 때는 돌봄이 필요하지만, 사춘기를 지나고 나면 부모의 돌봄은 이제 더 이상 유효하지 않아요. 오히려 장애가 되는 경우가 많습니다.

영화에서도 김기사네도, 박사장네도 나름 화목한 집안이죠. 결손가정도 아니고 서로 아귀다툼하는 관계도 아니고 집집마다 꼭 있다고 하는 진상도 없고. 그렇게 나름 화목한데, 왜 이런 막장, 아니 지옥의 묵시록을 연출하게 되었을까요? 오직 가족밖에 없어서 그런 겁니다. 김기사도 서로 마음을 터놓고 지내는 친구들이 있다면 반지하에서 마누라한테 욕 들어먹으면서 그렇게 살진 않을 거고, 아들 기우나 딸 기정이, 다 마찬가지예요. 친구나 사회적 네트워크가 중요한 현장이라면 좁은 집에 그러고 있지를 않죠. 집이 좁고 남루하니까 더더욱 뛰쳐나왔겠죠. 그런데, 이 가족한테는 외부가 없어요. 박사장네도 마찬가진데, 박사장은 회사의 CEO인데도 관계망이 참 좁은 거죠. 그렇게 돈이 많은데도 삶의 반경이 무척이나 좁아요. 오직 회사와 집, 두 사이클밖에 없는 거죠. 그러니까 냄새를 그렇게 못 참고 그것 때문에 죽임을 당하고. 영화라서 그렇다고 생각하지만 실제로도 그래요. 사람이 파국을 맞이하는 게 머 그렇게 거창한 일 때문이 아니더라고요. 정말 냄새를 못 견뎌 하다가 죽고 죽이는 일이 얼마든지 가능해요. 박사장 부인도 마찬가지죠. 세상을 보는 안목이 워낙 좁다 보니 자기 집 지하실에 뭐가 있는지도 모르잖아요. 저는 이것도 참 의미심장한 대목이라고 느끼는데, 현대인들은 집에 대한 집착이 어마어마한데, 정작 엄청 큰 평수의 아파트를 사거나 대저택을 갖고 있으면서도 그 공간이 어떻게 돌아가는지 모르는 거 같아요. 그렇게 소중한데, 왜 찬찬히 공간을 돌보지 않을까요? 그렇게 어둠의 공간이 있는지도 모른다는 거, 이 자체가 비극의 씨앗인 거죠.

　가족끼리도 이런 어둠이 있어요. 서로 정말 모릅니다. 집도 그런 거죠. 모르는데, 집을 너무 사랑해, 이거야말로 망상 아닐까요? 아무튼 그래서 집을 중심으로 살면 대개 안정될 거 같지만, 사실은 늘 불안해요. 그 안정이 깨질까 봐 전전긍긍하는 거죠. 그런 상태 자체가 바로 집을 떠나야 하는 이유입니다. 마지막으로, 사람들은 성공을 위해서만 집을 나서는 거라고 생각하는 거 같아요. 하지만 그거야말로 오산입니다. 산다는 거 자체가 길 위에 나서는 거고, 길 자체가 삶이에요. 지금 당장의 편리함이나 불안 이런 거 말고 인생이라는 리듬을 전체적으로 놓고 찬찬히 생각해 보시면 충분히 이해가 될 듯합니다.